Inhaltsverzeichnis

Vorwort Christian Winkler

Diese Broschüre ist weder Hafenführer, noch nautischer Ratgeber, man könnte sie allenfalls als „erweiterten Törnbericht" bezeichnen. Dessen Zweck ist es, Dir und Euch erste Eindrücke zu vermitteln. Eine Entscheidungshilfe für oder gegen einen Albanien-Törn? Vielleicht. Jedenfalls ist die Lektüre ein erster Schritt in Richtung einer Küste, die unerwartet vielfältig, zum Heulen schön, aber fallweise auch durchaus problematisch sein kann.

Die vorliegende Broschüre basiert auf einem vierwöchigen Segeltörn: mit einer zehn Jahre alten gecharterten Bavaria 46c mit dem Namen „Rasotica" segelte eine erste Crew von Split über Montengro und entlang der albanischen Küste bis zu deren südlichsten Hafen Sarande, dort war Crewwechsel und es ging am gleichen Weg zurück. Bei meinen Crewmitgliedern möchte ich mich für die motivierte Mitarbeit, die Freundschaft, das Teamwork und den persönlichen Einsatz bedanken – und für das Verständnis, wenn ich als Skipper auch Fehler gemacht habe.

Viel Spaß beim Lesen und willkommen in Albanien!
Christian Winkler

Vorwort Günter Lengnink

Dies ist unsere zweite Auflage über Albanien. Die erste Auflage unserer Broschüre ist ausverkauft. Wir nehmen ein stetig wachsendes Interesse an diesem Land wahr. Hauptsächlich sind es Transityachten, auf dem Weg von Kroatien über Montenegro nach Griechenland. Dazu gesellen sich aber mehr und mehr auch Fahrten mit dem eigenen Boot nur in dieses Land, an eine neue Destination, an eine neue Küste, die es zu entdecken gilt.

Dafür legen wir jetzt diesen Band neu auf. Wir haben die gute Gelegenheit, von Herrn Christian Winkler hervorragende Skizzen und lebendige Beschreibungen zu veröffentlichen und dazu die neuesten Erkenntnisse von Herrn Werner Wotoschek beizufügen, welche den Inhalt weiter ergänzen und aktualisieren.

Es hat sich etwas getan in diesem Land, welches sich auch dem Tourismus auf dem Wasser geöffnet hat und heute etwas mehr Infrastruktur dafür anbietet. Das Angebot wird angenommen, man spürt es, wenn man unterwegs ist, ehemals einsame Ankerbuchten füllen sich, und am Beispiel einer ehemaligen militärisch genutzten Mole in der Bucht von Saranda wird der Platz zum direkten Anlegen bereits knapp. Herr Winkler hat diese Mole noch mit einer anderen Segelyacht geteilt, Herr Wotoschek ankerte in der Bucht vor dieser Mole, weil sie komplett belegt war.

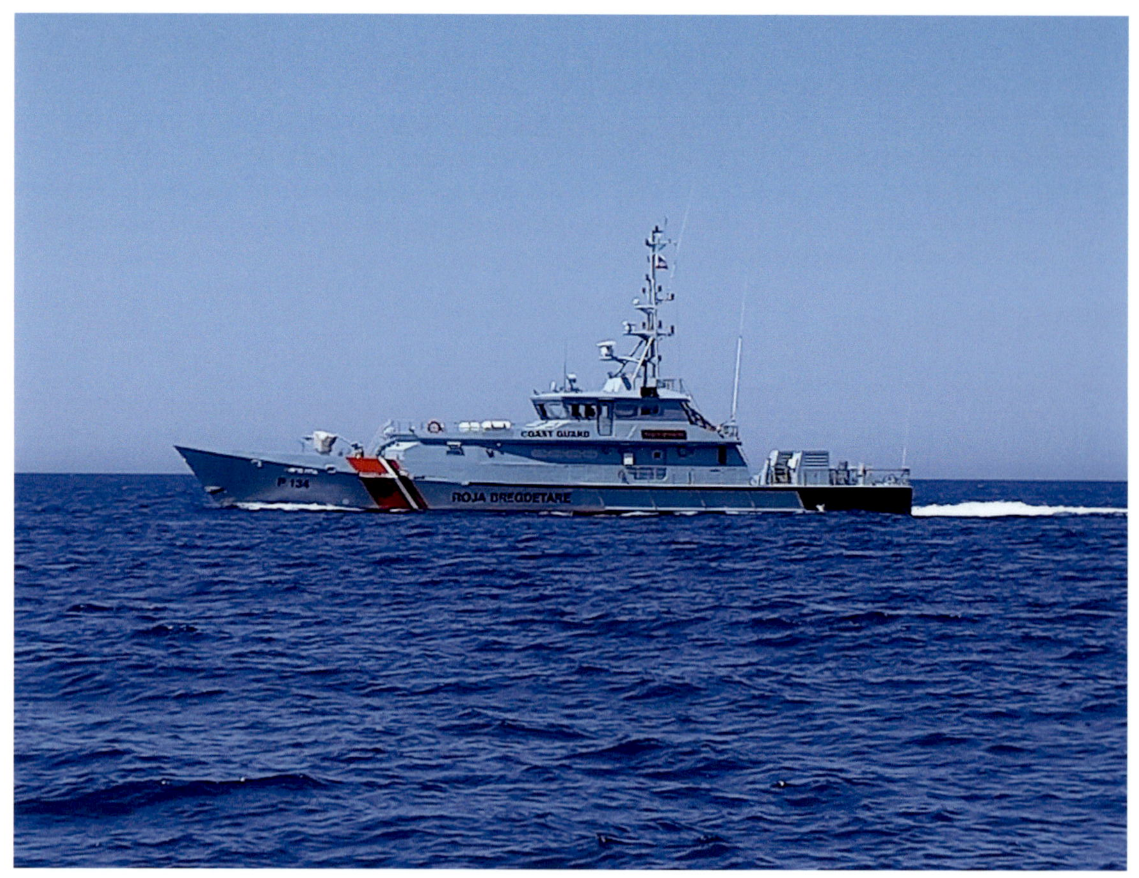

Machen Sie sich um Ihre Sicherheit keine Sorgen, die Gastfreundschaft ist in Albanien ein hohes Gut. Dennoch sind die Hafenanlagen jeweils abgesperrtes Gebiet, und in der Marina Orikum gibt es einen Polizeiposten. Auf See kreuzt die gut ausgestattete Küstenwache.

Wenn Sie nun an Albaniens Küste unterwegs sind, dann nehmen Sie sich die Zeit für die Besonderheiten. Besonders der reizvolle Süden bietet ein paar Höhepunkte, die sich lohnen, auch wenn man zusätzlich ein Taxi oder den öffentlichen Bus bemühen muss. Dafür haben wir diesen Band 10 neu aufgelegt – um Ihnen zu zeigen, dass es durchaus auf Albanien zutrifft, dass der Weg das Ziel ist.

Für Ihren Törn wünsche ich immer die berühmte Handbreit Wasser unter dem Kiel!

Günter Lengnink

Wichtige Informationen

Einreise

Die Einreise ist für deutsche Staatsangehörige mit einem (vorläufigen) Reisepass, Kinderpass und Personalausweis gestattet. Bei Einreise mit Personalausweis ist der Aufenthalt auf maximal 90 Tage begrenzt. Deutsche benötigen für einen touristischen Aufenthalt von bis zu 90 Tagen kein Visum. Personen, die beabsichtigen, sich länger als 90 Tage in Albanien aufzuhalten, müssen sich innerhalb der ersten 30 Tage beim Grenz- und Migrationsdirektorat anmelden und dort eine Aufenthaltserlaubnis beantragen.

Alle Dokumente sollten bei der Einreise noch mindestens drei Monate gültig sein. Kindereinträge im Reisepass eines Elternteils sind seit dem 26.06.2012 nicht mehr gültig.

Einreisebestimmungen für deutsche Staatsangehörige können sich kurzfristig ändern, ohne dass das Auswärtige Amt hiervon vorher unterrichtet wird. Rechtsverbindliche

Informationen und/oder über diese Hinweise hinausgehende Informationen zu den Einreisebestimmungen erhalten Sie nur direkt bei der Botschaft oder einem der Generalkonsulate Ihres Ziellandes.

Port of Entry

Bei der Einreise über See nach Albanien muss in einem Port of Entry einklariert werden. Ebenso muss vor dem Verlassen der albanischen Hoheitsgewässer ausklariert werden.

Ports of Entry sind: Durrës, Shengjin, Vlorë, Sarande und Himara (Kontaktinformationen, siehe unter Punkt „Wichtige Kontakte")

Diese Häfen sind ganzjährig zum Ein- und Ausklarieren geöffnet. Für „touristische Schiffe" ist eine vorherige Anmeldung nicht erforderlich. Das Ein- und Ausklarieren kann durch eine Agentur oder durch den Schiffsführer selbst durchgeführt werden. Die Anmeldung durch eine Agentur ist kostenpflichtig; nach Presseberichten liegt die Gebühr bei 10 $, wobei der Betrag jedoch oft höher angesetzt wird.

Besondere Vorschriften über die Vorlage von Unterlagen beim Einklarieren sind nicht bekannt. Daher dürften die international üblichen Dokumente wie

- amtlicher Registrierungsnachweis (z.B. Internationaler Bootsschein vom DMYV)
- Führerschein und ggf. Funkzeugnis des Skippers
- Versicherungsnachweis für das Motorboot
- und eine Crewliste

ausreichend sein.

Zahlungsmittel

Neben dem offiziellen Zahlungsmittel, dem Lek, werden Euro und US$ als Zahlungsmittel manchmal akzeptiert.

Kreditkarten sind nur begrenzt verwendbar. Akzeptiert werden MasterCard, Diners Club und American Express, jedoch nur in größeren Hotels und einigen Banken. Abhebungen an Geldautomaten der größeren Städte sind problemlos möglich. Einzelheiten vom Aussteller der jeweiligen Kreditkarte.

1 € = 133,1701 LEK ;

1 LEK = 0.007509 € (Stand: 29.08.2017)

Banknoten gibt es in den Werten 5.000, 2.000, 1.000, 500, 200 Lek, Münzen in den Nennbeträgen 1, 5, 10, 20, 50 und 100 Lek.

Geldwechsel sind zum offiziellen Kurs in den Banken möglich. Bequemer ist der Tausch in Wechselstuben in den größeren Hotels, jedoch ist der Kurs etwas schlechter. Einen besseren Kurs erhält man bei den legalen Geldwechslern auf der Straße, die meist in der Nähe von Banken anzutreffen sind. Hier ist zu beachten, dass oft Falschgeld im Umlauf ist.

Wichtige Kontakte

Botschaft der Bundesrepublik Deutschland (Tirana)

Rruga Skenderbej Nr. 8, 1001 Tirana / Albanien

Dienstzeit: Mo – Do 08.00 – 12.30 und 13.00 – 17.00 Uhr, Fr 08.00- 13.45 Uhr

T: 00355- (0)4 2274 505, in Notfällen: 00 355 68 2029 109

F: 00355- (0)4 2232 050

E: info@tira.diplo.de

Polizei: 19

Unfall-Rettung / Notarzt: 17

Feuerwehr: 18

Seenotruf-Telefon-Nummer Albanien

T: 125 („blaue Nummer")

M: 00355 68 80 47 399

Seenot-Rettungsdienste Albanien / MRCC Albania

T: +355 2 260 555

F: nicht bekannt

E: qnod(at)aaf.mil.al

Warnnachrichten

Nautische Warnnachrichten werden von der albanischen Küstenfunkstelle Vlorë auf den UKW-Kanälen 18 und 85 um 08.00 und 18.00 Uhr UTC im Rahmen der Wetterberichtssendungen ausgestrahlt. Im albanischen Seegebiet können auch die Nautischen Warnnachrichten der griechischen Küstenfunkstelle Kerkyra über UKW-Kanal 02 um 06.00, 10.00, 16.00 und 20.00 Uhr UTC empfangen werden. Gesendet werden Sturmwarnungen und 24-Stunden-Vorhersagen in Griechisch und Englisch.

Allgemeines

Grundsätzlich gilt: Historische Objekte unter Wasser dürfen nicht erforscht werden. Sie sind vom internationalen öffentlichen Recht als Erbe der Menschheit geschützt. Nur nach Genehmigung durch die zuständigen albanischen Behörden ist eine Erforschung zulässig.

Es besteht ein Schutzgebiet von 0,5 sm um den „Marinen Nationalpark Karaburun" und die Insel „Sazan" (NW-lich der Marina Orikum), die nicht befahren werden dürfen. Nach Wikipedia-Angaben liegen hier viele historische Wracks und Wracks aus dem 2. Weltkrieg. Außerdem besteht dort eine spezielle schützenswerte Meeresfauna.

Von Nord nach Süd – der Törnbericht: Abschnittskarte

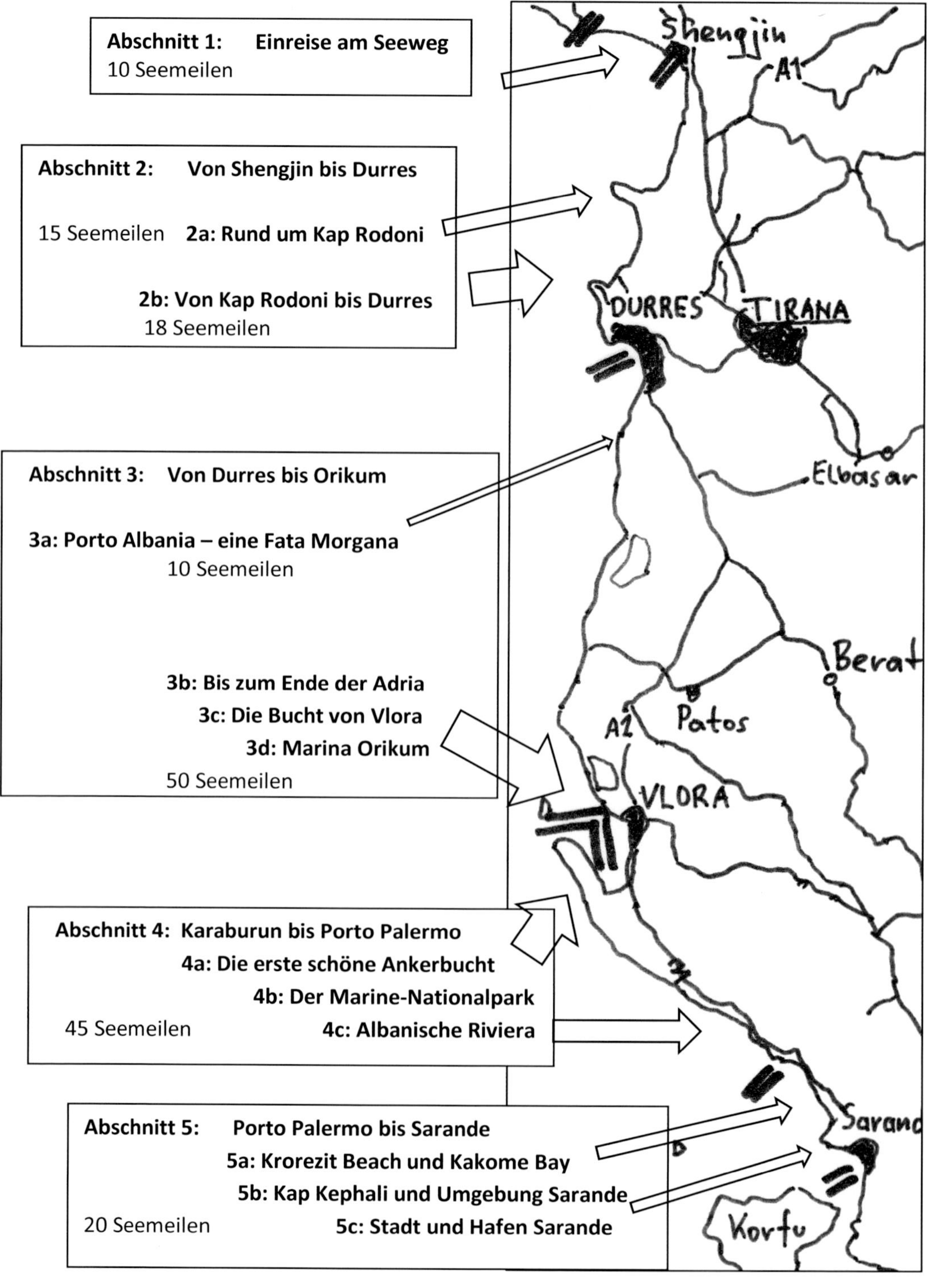

Abschnitt 1: Einreise am Seeweg

Von der Seegrenze vor dem Bojana-Fluss zum „Port of Entry“ Shengjin

Distanz: 10,2 Seemeilen

Warnung: Fehlende Betonnung im Hafen Shengjin

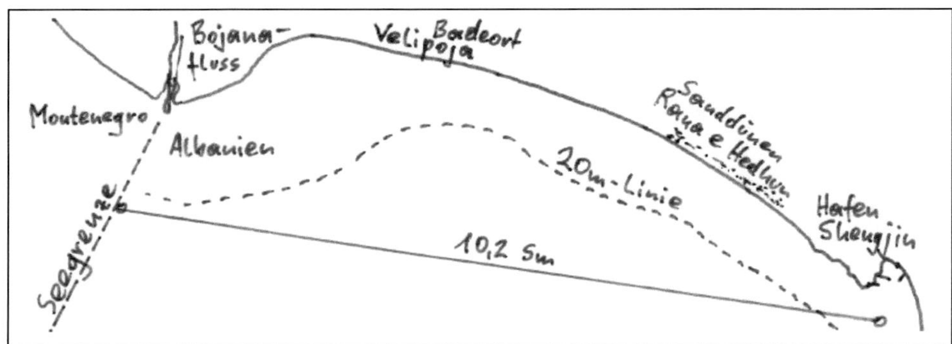

Die Seegrenze verläuft von der Flussmündung der Bojana im Winkel von 210 Grad auf das offene Meer hinaus. Nach passieren der Grenze setzen wir steuerbordseitig die Gastland-flagge Albanien und darunter – so vorhanden – die gelbe Q-Flagge. Bei der Ansteuerung von Shengjin dürfen wir uns der Küste nicht nähern, denn wir müssen am schnellsten und direkten Weg von der Seegrenze zum Port of Entry.

Drei Seemeilen vor der Stadt sehen wir bb querab an der Küste einen großen, hellen Bereich – das ist die berühmte Sanddüne von *Rana e Hedhun.* Wer Zeit hat kann nach dem Einklarieren hier vor dem Strand ankern. Diese Sandformation ist absolut sehenswert.

Die Ansteuerung ist einfach, die beiden Wellenbrecher gut erkennbar. Die in den nautischen Informationen verzeichneten Fahrwassertonnen fehlen allerdings. Von der Mitte der Einfahrt sehen wir am Nordufer des Hafens die Zollmole, erkennbar durch einen großen gelben Kran mit blauem Sockel. Vor der Einfahrt in den Hafen müssen wir unseren Agenten anrufen, er wird uns eventuell anweisen, den Hafenkapitän auf UKW Kanal 16 oder 71 über unsere bevorstehende Ankunft zu informieren. Weitere Kontaktdaten siehe nächste Seite.

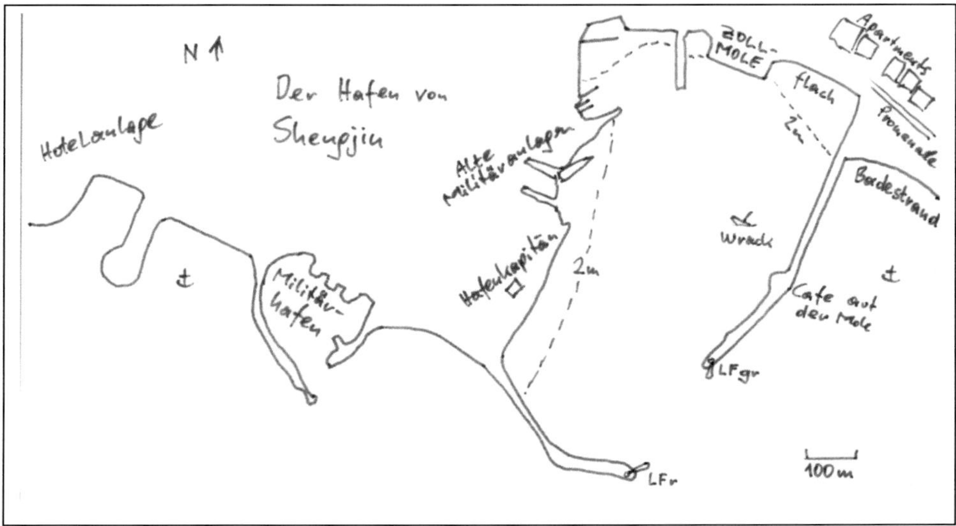

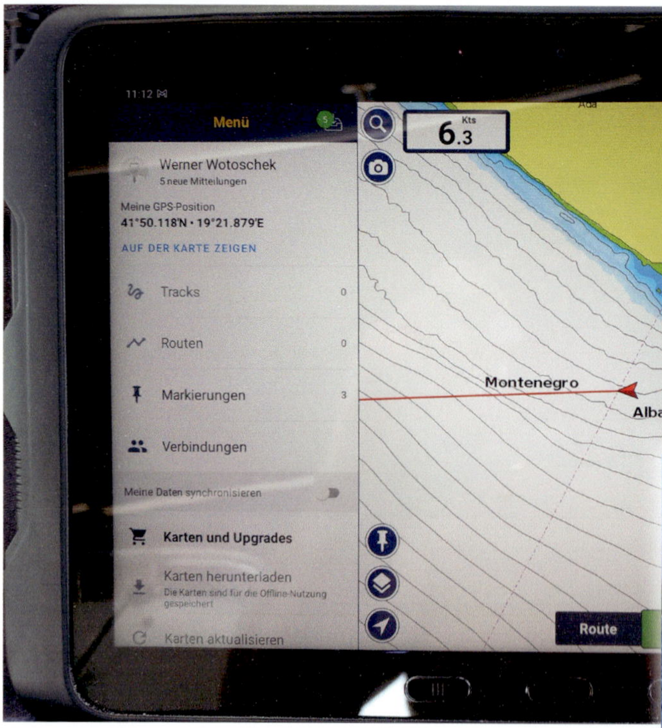

Die Grenze auf dem Seekarten-Plotter

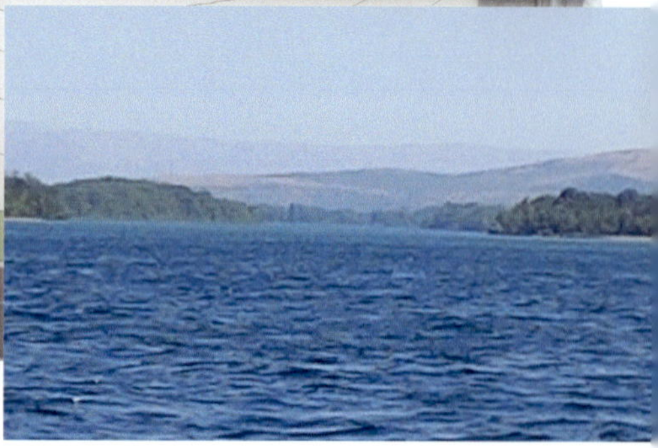

So sieht die Grenze vom Meer her aus.

Sanddüne Rana e Hedhun

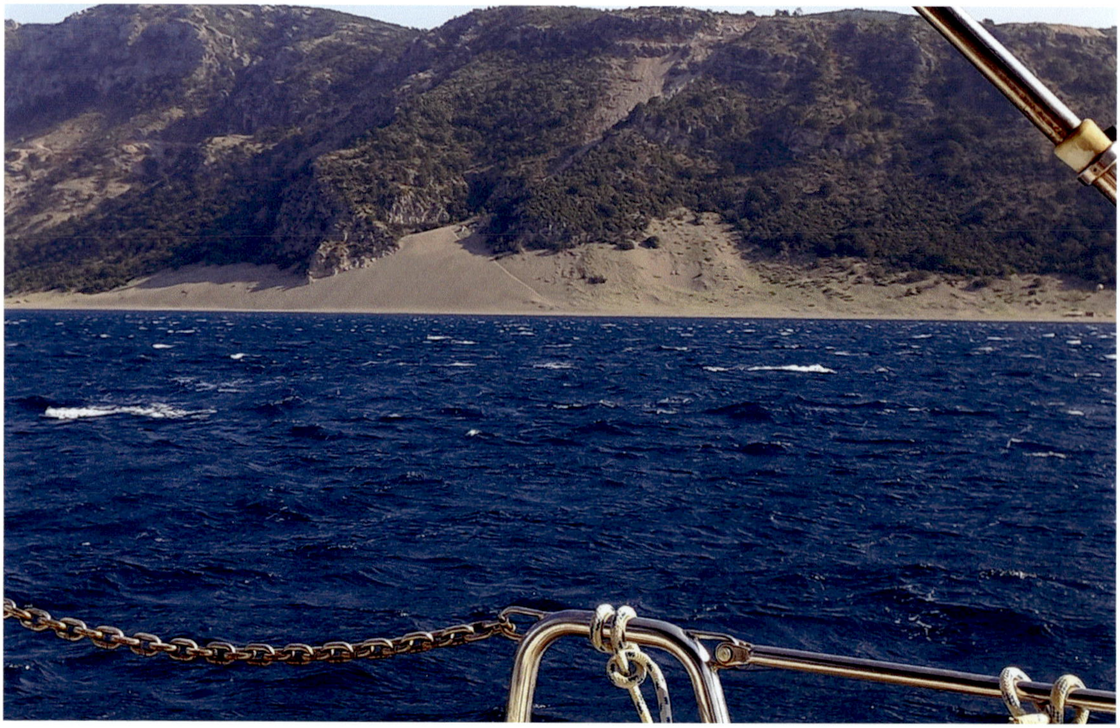

Yacht Agent für Shengjin: Mister Frrok Frroku, Shipping Agency, Tel. +355 (0)68 203 5531, Email: orion.shipping.agency@gmail.com spricht gut Englisch. Einklarieren und Liegegebühr kostet beim ihm 50,- €. 2022 hat sein Sohn die Formalitäten unter Aufsicht des Vaters erledigt. Mr. Frrok wird wohl an seinen Sohn übergeben.

SIM-card für Internet: Herr Frroku ist gerne bereit, beim Erwerb einer prepaid SIM-Card zu helfen, auch am Sonntag. Die Anmeldung/Aktivierung der Karte ist etwas kompliziert, denn es gibt eine Menge Formulare auszufüllen.

Häfen, Formalitäten, Agenten - ein Überblick

Es gibt vier (Handels)häfen, nämlich Shengjin, Durres, Vlora und Sarande. (von N nach S) In jedem dieser Häfen kann man Ein- und Ausklarieren. Man liegt gemeinsam mit den international agierenden Handelsschiffen jeweils in einer Zollfreizone. Gut für die Sicherheit (Bewachung), schlecht für die Nase und die Ohren (Gestank und Lärm).

Für das Ein- und Ausklarieren, ebenso wie für das Anlaufen und Verlassen eines der vier Häfen nimmt man die Dienste eines Yacht-Agenten in Anspruch. Das kostet zwischen 50,-€ und 80,-€ (pro Tag) und beinhaltet Gebühren für Behörden und Liegeplatz. Bei den Agenten meldet man sich jeweils einen Tag vor dem Eintreffen und befolgt deren Anweisungen. Man wird freundlich und korrekt behandelt, denn die Agenten leben von guter Betreuung der Yachten. Gerne sind sie zu Extra-Leistungen bereit und oft verlangen sie dafür gar nichts, weil das unter die in Albanien so stark ausgeprägte Gastfreundschaft fällt. (Zum Beispiel: kleine Rundfahrten mit dem Auto, Hilfe beim Auftreiben bestimmter technischer Waren)

Die „*Port Clearance*“: zwischen den vier Häfen weiterzufahren erfordert keine Aus- und Wiedereinreise, sondern eine Art Freigabe in den nächsten Hafen. Was dazwischen passiert interessiert Niemanden. Man kann da für eine Strecke von 50sm drei Tage brauchen, Hauptsache der richtige Hafen steht am Papier. Aber VORSICHT: im Frühjahr 2018 hat der zuständige Minister ein neues Gesetz unterschrieben, nachdem dieses System (das noch aus der kommunistischen Zeit stammt) bei Sportbooten nicht mehr angewandt werden muss. Das wissen die Behördenvertreter zwar, aber manche weigern sich, das umzusetzen, weil nicht festgelegt wurde, wie Yachten sonst zu behandeln sind. Manche Hafenkapitäne bestehen daher auf dem alten System, manche beachten es nicht mehr. Es ist daher ratsam, unbedingt eine „Port Clearance“ zu verlangen, auch wenn der Agent meint, der örtliche Hafenkapitän würde für Yachten kein solches Papier mehr ausstellen.

Die Agenten verstehen sich als Freunde und Unterstützer der Yachties und vertreten deren Interessen gegenüber den Behörden. Sollte es mit letzteren Probleme geben kann man den Agenten fragen, ob sich das eventuell gegen eine „Zusatzgebühr“ regeln lässt. Auf keinen Fall darf man eine solche einem Behördenvertreter direkt anbieten, denn das wäre eine unverschämte Beleidigung.

In den meisten Häfen gibt es mehrere Agenten. Man kann sie leicht im Internet finden – Suchanfrage: „Yacht Agent *Hafenname*“. Was die Diensteistungen kosten sollte man im Voraus erfragen. Manche der Agenten sind nur auf Super- und Megayachten aus und verlangen dann auch entsprechende Honorare.

Das Schnapswunder: *wer von einem Albaner eigeladen wird, bei ihm zu Hause gemeinsam einen Schnaps zu trinken, tut gut daran, diese Einladung anzunehmen. Eine Ablehnung bedeutet eine Beleidigung, aber die Annahme bringt einen neuen Freund. Tatsache!*

Shengjin: der Hafen, der Strand, die Stadt. Ein Kurzportrait

Wer nicht an der Zollmole übernachten will, kann seitlich von der Einfahrt innerhalb des Hafenbeckens ankern. Das sollte man dem Agenten aber im Voraus mitteilen.

Der Name Shengjin ist kein Hinweis auf die Zeit der China-Kooperation, sondern bedeutet „Sankt Johann", das in der albanischen Sprache abgewandelt wurde. Bis 1920 lebten weniger als 100 Leute hier, dann wurde es Marinestützpunkt und später kam der Tourismus. Der Strand sieht aus wie an der Costa del Sol oder den Badeorten der oberen Adria, immer noch sind zahlreiche Baustellen zu sehen. Einige Hotelkomplexe wurden von saudi-arabischen Firmen hochgezogen: über Pools, deren Wasser abends die Farbe wechselt, thront eine acht Meter hohe Freiheitsstatue, und hier sieht man viele arabische Touristen. Die luxuriös gestalteten Parklandschaften zwischen den Hotelblöcken werden am Abend von Sängerinnen mit Begleitband beschallt, wobei die Musik für mitteleuropäische Ohren kaum geeignet ist. Eine Altstadt gibt es in Shengjin nicht. Die Versorgung ist gut und die örtlichen Geschäfte bieten alles, was man als Tourist braucht. Eine lange Strandpromenade führt vom Hafen entlang der Stadt bis zu deren Ausläufern und es gibt abends zahlreiche Stände mit Ramsch, aber auch mit lokalem Kunsthandwerk. Zahlreiche Restaurants gibt es nicht nur entlang der Promenade, sondern auch in den „hinteren" Bereichen der kleinen Stadt. Mit ein wenig Glück kann man hier ausgezeichnet und zu sehr günstigen Preisen essen.

Die Wasserqualität in der Nähe des Hafens ist schlecht, denn Kläranlagen gibt es nicht und die Abwässer werden vermutlich direkt ins Meer gleitet.

Aus dem Logbuch der „Rasotica": Ein Agent mit Eigenheiten

Morgens haben sich die Regenwolken verzogen und die Sonne lässt den Hafen schon freundlicher aussehen. Anker auf und zurück an die Zollmole, wo unser Agent, Herr Frrok, schon samt seinem alten Mercedes wartet. Er hilft beim Anlegen, entert unser Boot mit schweren Schuhen und zwängt seinen mächtigen Bauch hinter den Cockpitt-Tisch. Ein Haufen Fragen ist zu beantworten damit er seine Formulare ausfüllen kann, dabei raucht er ein halbes Päckchen Zigaretten. Der Motor seines Wagens läuft derweil weiter, es gibt Startprobleme, wie er entschuldigend bemerkt. Endlich ist alles fertig, er sammelt die Papiere ein und kündigt an, dass er Polizei, Hafenkapitän und Zoll innerhalb von 30 Minuten erledigen wird – die Frage nach dem Kauf einer lokalen SIM-Card (es ist Sonntag) quittiert er mit der Einladung, mich mit seinem Auto in die Stadt zu bringen, um das besorgen zu können. Schnaufend erklimmt er die Mole und wir brausen durch drei Sicherheitsgates hinaus auf die Straße, wo er sichtlich jedes Schlagloch kennt. Weder die Staubfahne, die wir nachziehen, noch die halsbrecherische Geschwindigkeit scheint irgendwen zu stören. Ausladend deutet er auf die vielen neuen Häuser. „Apartments," schreit er, denn die Hupen rundherum machen die Verständigung schwer, „Russians, Arabs, Albanians!"

Der Kauf der SIM-Karte ist wiederum mit dem Ausfüllen einiger Formulare verbunden. Am Rückweg deutet Mister Frokk auf ein hübsches Haus mit einem Vorplatz unter Weinranken. „My home!" sagt er stolz und lädt mich ein, hier mit ihm Schnaps zu trinken. Ich denke an die Crew sowie an die Distanz bis Durres - filmen wollen wir unterwegs auch noch an einem Strand – und lehne dankend ab. Ein schwerer Fehler, wie ich leider zu spät bemerke: das freundliche Lächeln erstirbt, die Räder drehen sich durch und bis ich am Hafen aussteige sagt er kein Wort mehr. Zwanzig Minuten später bringt er die Pässe und eine „Port Clearance to Durres" zu unserem Boot. „Fifty Euro" sagt er unfreundlich, während er die Hand aufhält. Eine Rechnung dafür gibt es nicht.

Wenig später erfahre ich von einem Segelkollegen, dass er von Herrn Frokk auf eine Rundfahrt (mit dem Mercedes) eingeladen wurde – er hatte den Schnaps getrunken…

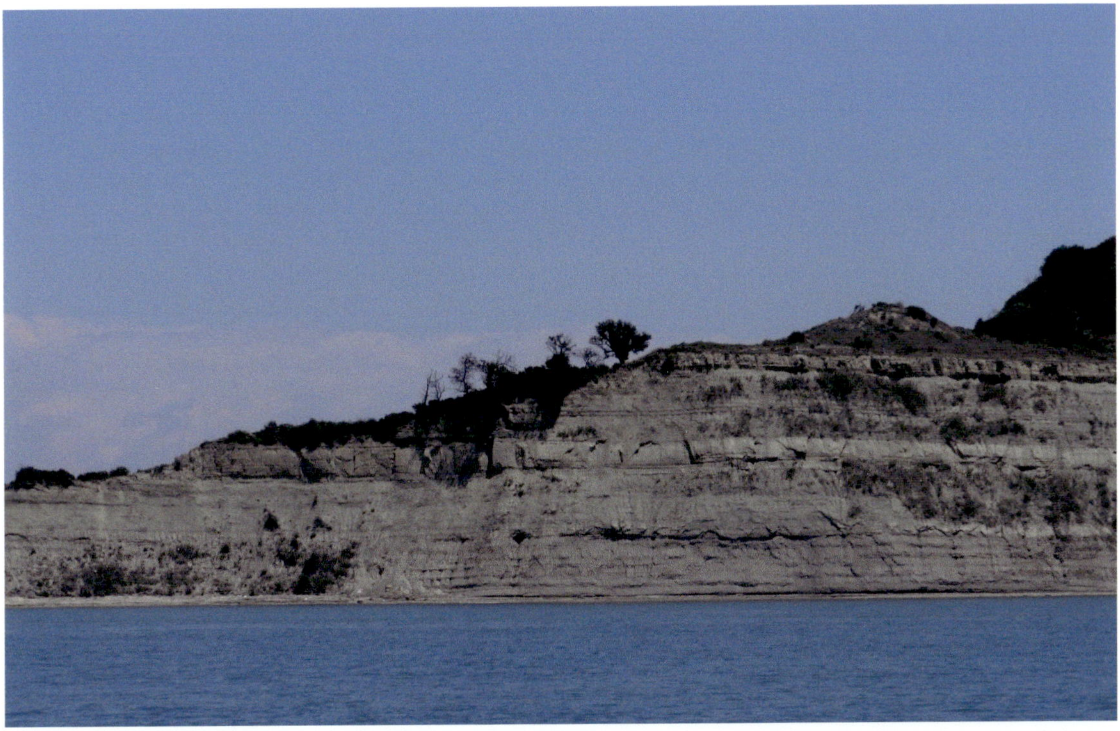

Kap Rodoni: Sandsteinhügel hinter dem Kap sind weit und breit die einzigen Erhebungen an der rundum flachen Küste. Nahe Kap Rodoni geschah 1918 mit dem Untergang des Dampfers „Linz" als Folge eines italienischen Torpedo-Angriffs die schwerste Schiffskatastrophe der österreichischen Seefahrt mit weit über 2000 Toten.

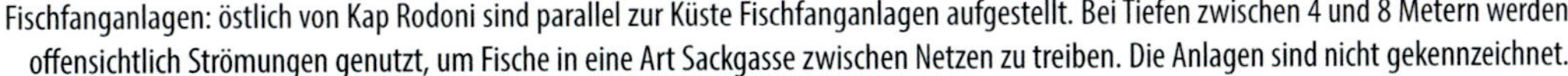

Fischfanganlagen: östlich von Kap Rodoni sind parallel zur Küste Fischfanganlagen aufgestellt. Bei Tiefen zwischen 4 und 8 Metern werden offensichtlich Strömungen genutzt, um Fische in eine Art Sackgasse zwischen Netzen zu treiben. Die Anlagen sind nicht gekennzeichnet.

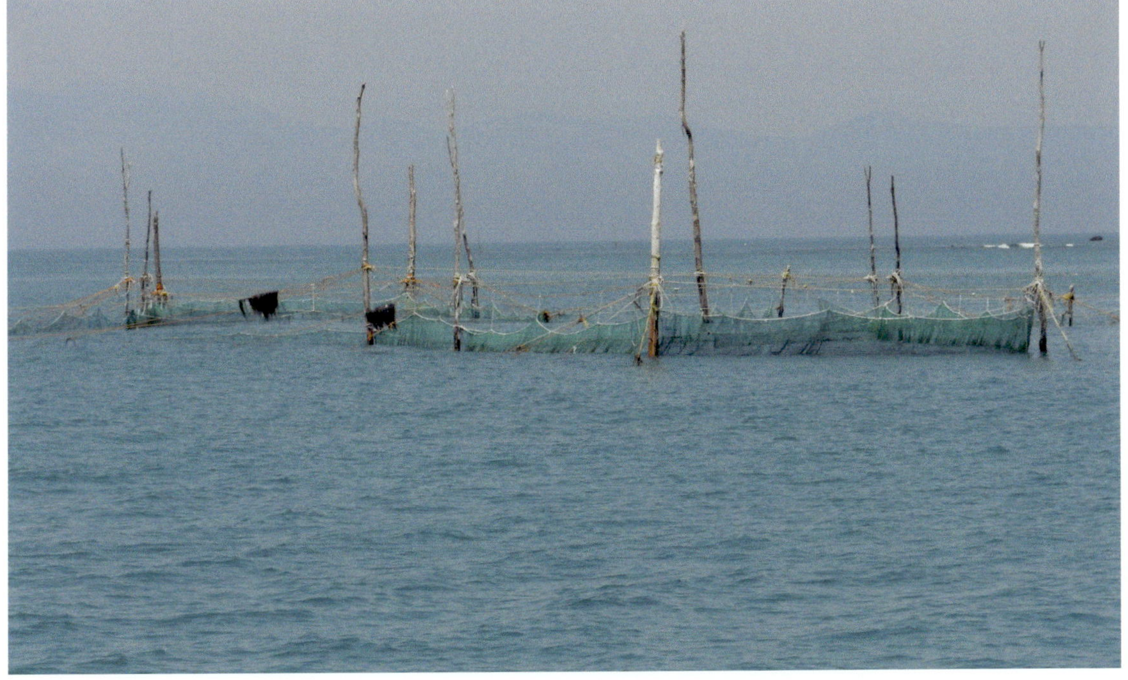

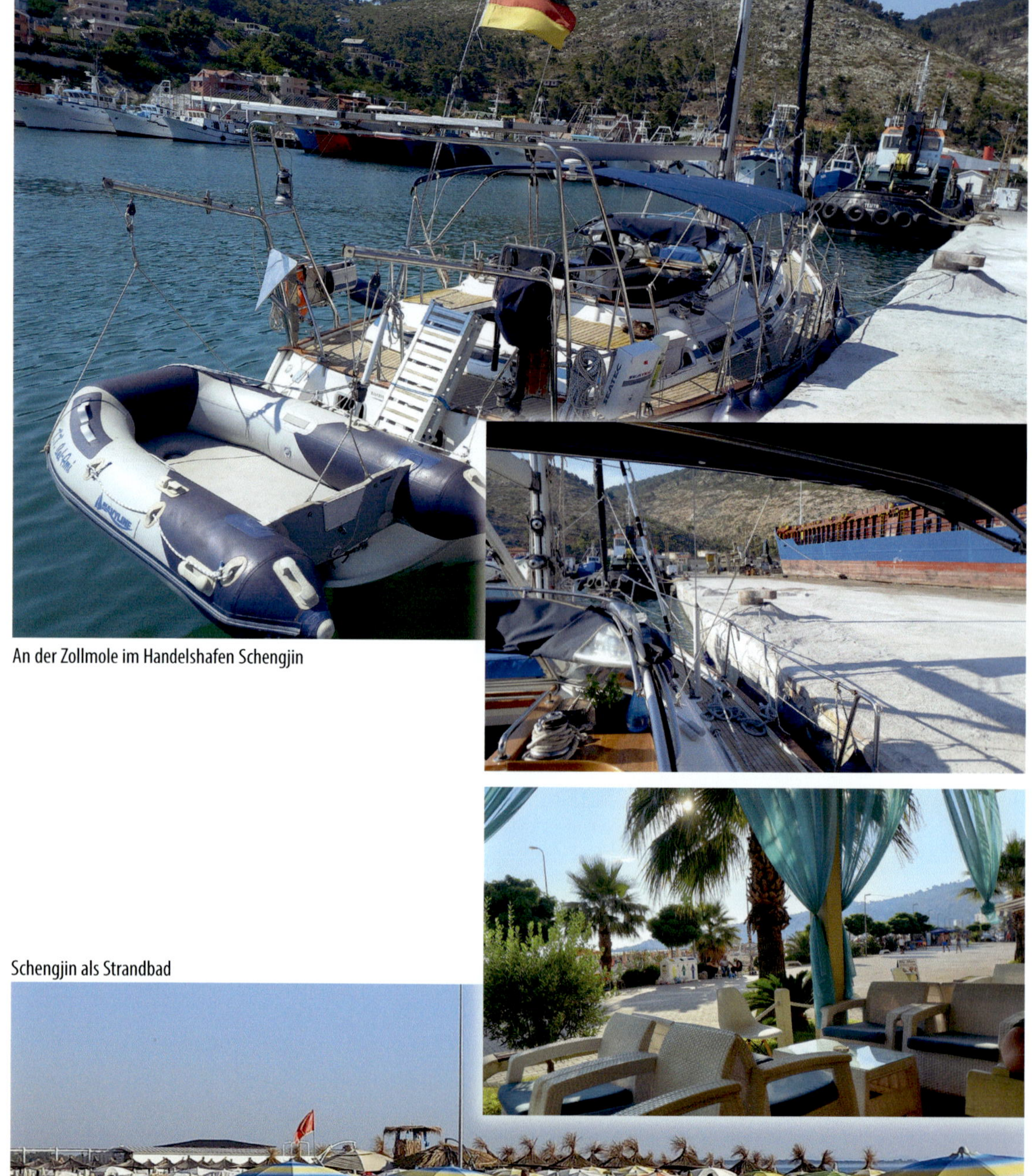

An der Zollmole im Handelshafen Schengjin

Schengjin als Strandbad

Abschnitt 2: Von Shengjin bis Durres

2a) *Rund um Kap Rodoni*

Distanz Shengjin – Kap Rodoni: 15 Seemeilen

Warnung: Untiefen vor Kap Rodoni

Bald nach dem Auslaufen passieren wir die Mündung des Flusses Drin. Achten müssen wir auf Flachwasserbereiche, denn die vorgelagerten Sandbänke reichen weit in die große Bucht hinein.

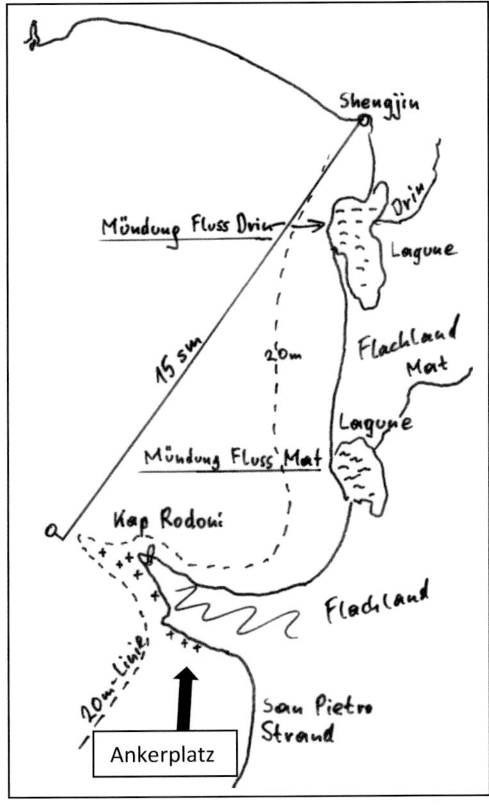

Die Küste an unserer Backbordseite ist flach, das Wasser ist bei Sonnenschein gelbgrünblau – das liegt am Sandgrund.

Zum Kap muss ein sehr großer Abstand gehalten werden, denn die vorgelagerten Untiefen reichen weit hinaus aufs offene Wasser. Und es sind keine langsam ansteigenden Sandbänke, sondern einzelne Felsen, die oft nur knapp unter der Oberfläche lauern.

Einige Meilen westlich von hier liegt das Wrack des österreichischen Dampfers „Linz" auf Grund. Er wurde im März 1918 durch ein italienisches Torpedo versenkt, wobei 2700 Menschen ihr Leben verloren, deutlich mehr, als beim Untergang der Titanic. Die Opfer wurden nie geborgen und liegen bis heute in 42 Meter Tiefe auf Grund. Wir denken an sie, während wir das Kap in großem Abstand runden.

Die Küste wollen wir uns jetzt ein wenig näher ansehen und suchen uns südlich des Kaps einen Ankerplatz. Am Weg dorthin passieren wir seltsame Gebilde aus Holzstangen und Netzen, die bei Tiefen von 4-6m im Wasser stehen, und zwar, wegen den flachen Ufern, in großer Entfernung von der Küste. (bis 300m)

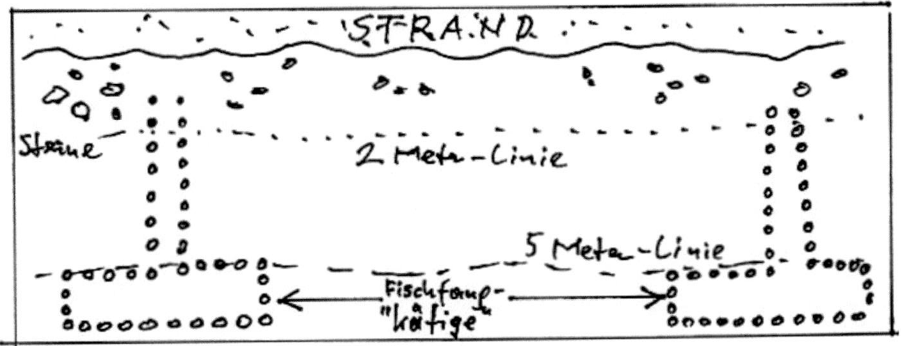

Zwischen zwei solchen Gebilden nähern wir uns dem Ufer bis auf 300 Meter Entfernung, wo wir auf vier Meter Wassertiefe ankern. Während weiter draußen absolut keine Dünung spürbar war rollt unser Boot am Ankerplatz unangenehm, denn in Ufernähe steigt die Wellenhöhe. Das Anlanden mit dem Schlauchboot ist gar nicht so leicht wie gedacht, denn schon mehr als 100 Meter vom Ufer entfernt reichen Steine bis zur Wasseroberfläche und wir müssen den Außenborder abwürgen. Dann schlängeln wir uns rudernd zwischen den Hindernissen durch, bis es nur noch zu Fuß weitergeht und wir das Dhingi hinter uns herziehen müssen. Endlich am Strand angekommen sind wir für die Mühe entschädigt, denn der Blick vom einsamen Ufer auf den verlassenen Strand links und rechts bis zum weit draußen sichtbaren Boot ist wirklich schön. Der angeschwemmte Müll, der weiter hinten am Strand zu finden ist, trübt allerdings den Eindruck.

An Land gehen:

Über das Ankern an den langen flachen Abschnitten an der albanischen Küste

80 Seemeilen liegen zwischen Shengjin und Vlora, und fast die ganze Länge dieser Küste ist extrem flach. Endlose Sandstrände haben zu einem Boom der wenigen Badeorte geführt und so wechseln sich einsame Küstenabschnitte mit belebten Badestränden ab. Der Anker kann zumeist nur hunderte Meter entfernt vom Ufer gesetzt werden und schon bei sehr schwacher Dünung wird das Boot am Ankerplatz stark rollen. Das Ausbringen von Landfesten, um den Bug in die Welle zu stellen, ist wahrscheinlich nur in sehr seltenen Fällen möglich, eventuell könnte man stattdessen versuchen, einen Heckanker in Richtung Ufer zu setzen. Das könnte die Rollbewegung verringern und eine Übernachtung bei ruhigem Wetter zu einem schönen Erlebnis machen.

2b) *Von Kap Rodoni bis Durres*

Distanz Kap Rodoni – Durres: 18 Seemeilen

Wir verzichten auf weitere Strandbesuche und wollen im wichtigsten Hafen Albaniens, in Durres, übernachten. Zunächst steuern wir Kap Pali an, das rund 10 Seemeilen südlich von Kap Rodoni liegt. Im Schutz des Kaps Pali bzw. dessen nördlichem Ufer, gibt es einen kleinen Hafen, der allerdings den Behörden vorbehalten ist und nur in Notfällen angelaufen werden darf.

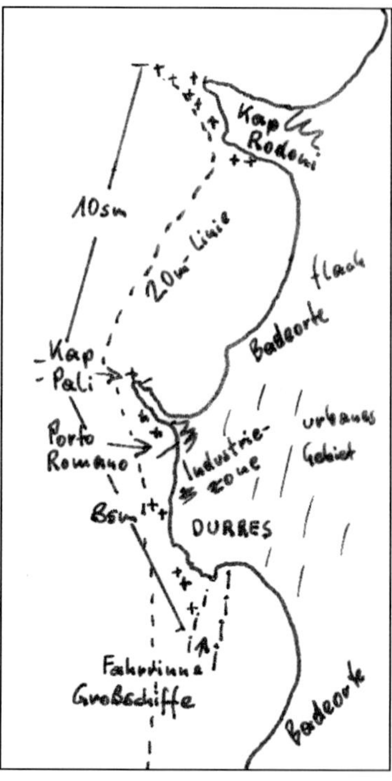

Etwas weiter südlich ist die Industriezone, die sich rund um Durres erstreckt, deutlich zu sehen. Hier gibt es eine große Ölverladestelle bzw. einen Ölhafen mit dem Namen „Porto Romano". Yachten sind hier nicht zugelassen. Allerdings könnte man in Notfällen hinter einer quer im großen Hafenbecken liegenden Mole Schutz finden.
Bei der Weiterfahrt nach Durres halten wir wieder einen Respektabstand von der Küste ein, vor der einige Untiefen liegen. Wer sich ganz sicher sein will, kann an der Stadt vorbeifahren und erst eine Meile weiter südlich auf die Fahrrinne für Großschiffe einschwenken. Die Ansteuerung des Hafens ist – zumindest bei Tageslicht – einfach.

Kleines Boot im großen Hafen – wir dürfen Frachter spielen

Auf der Navioncs-Seekarte im Internet ist südwestlich des großen Hafens eine Art Marina zu erkennen. Wer hier aber mit der Yacht einläuft wird vertrieben, denn es handelt sich um den Fischereihafen.

Im großen Hafenbecken orientieren wir uns an den riesigen gelb und blau gestrichenen Kränen, die am westlichen Frachterkai in den Himmel ragen. Zwischen Groß-Schiffen aus aller Welt können wir klein und winzig drei Yachten ausmachen, und dort wartet auch schon unser Agent. Große Hartgummipuffer, die zum Schutz der Schiffs-Bordwände an der Mole befstigt sind, verursachen hässliche schwarze Streifen an unserer eigenen Bordwand. Die Zwischenräume zwischen den Puffern sind etwa 10m lang und damit zu klein, um dazwischen anzulegen.

Der Agent füllt Formulare aus, sammelt die Pässe ein und verspricht, am nächsten Morgen wiederzukommen, dann wäre alles erledigt. Die Frage, für welchen Hafen die „Port Clearance“ ausgestellt werden soll, ist schnell geklärt, denn auf den Besuch des öffentlichen Hafens in Vlora wollen wir auf Grund der bisherigen Erfahrungen verzichten: ganz in der Nähe liegt dort die einzige albanische Marina, dort wollen wir hin.

Aber noch liegen wir im größten Hafen Albaniens zwischen Frachtern aus Panama und Hamburg, der abendliche Landausflug führt uns zunächst durch das weitläufige und hochsicherheitsmäßig abgesperrte und bewachte Hafengelände.

Krach in Durres

Schon beim Anlegen war klar: hier wird es laut. Schiffsmotoren, Sirenen, ferner Verkehrslärm und das Kläffen und Jaulen streundender Hunde haben uns begrüßt. Von einem Hochhaus, das den Hafen überragt, dröhnen die Bässe von der Skybar herunter, und als wir das Hafengelände verlassen brandet uns schon der Abendverkehr samt Hupkonzert entgegen. Jedes Lokal, das wir uns auf der Suche nach einem Restaurant zum Abendessen ansehen, versucht, den Wirbel mit eigener Musik zu übertönen, und oft genug ist diese nur schwer auszuhalten. Auch im späteren Verlauf unserer Reise haben wir immer wieder die Erfahrung gemacht, dass in Lokalen und Strandbars aufgedreht wird, was die Boxen hergeben. Das erste, was die Albaner machen, wenn sie eine Beach Bar errichten, ist das Aufstellen der Soundanlage samt Generator – den muss die Musik dann schon übertönen, und das alles, bevor noch die ersten Getränke eingekühlt sind. Wer dann, wie wir in unserem Restaurant an der Promenade in Durres, um Reduzierung der Lautstärke ersucht, wird etwas mitleidig angesehen, so nach dem Motto: die spinnen, die Touristen….

Agent für Durres: Mr. Arben Ninga, Tel. +355 (0)56 720 82061, Email: adeag@albmail.com

Cristian Marine Durrës

Tel: +355699694622, Tel: +355676648340, E- Mail – info@cristianmarinedurres.com, http://cristianmarine-durres.com

VHF Channel 10. Ganzjährig Platz für 50 Yachten, maximale Länge 60m, auf 10m Wassertiefe. Elektrizität, Wasserversorgung, Wi-Fi, WC, Dienstleistungen der Werft: Kraftstoff Service, Technische, elektrische und mechanische Dienstleistungen; Hafenmeister, Agentur, Grenzpolizei, Rekrutierungsdienste, Autovermietung, Wäscherei, Touristische Führung, Verpflegungsdienst.

Anmerkung: Etwas weiter Weg in das Stadtzentrum. Die Lage ist gut geschützt, innerhalb des umzäunten Hafenbereichs. Fähranleger direkt nebenan.

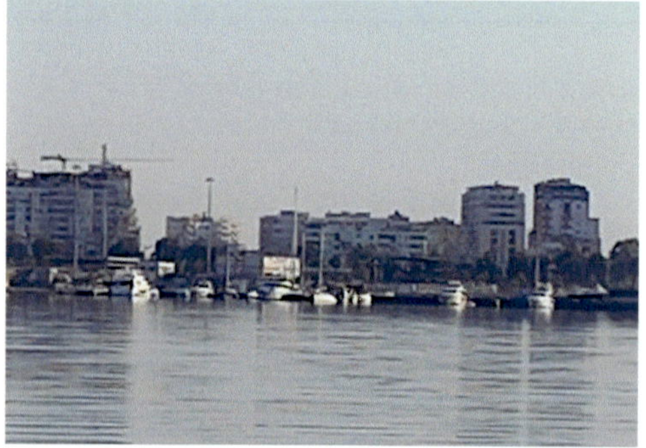

Die Cristian Marine Durrës

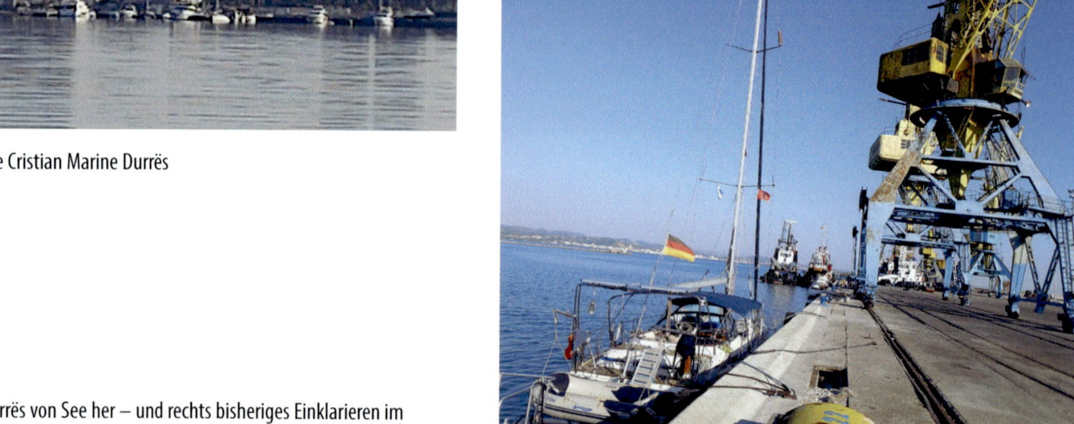

Durrës von See her – und rechts bisheriges Einklarieren im Industriehafen, das immer noch möglich ist, aber bequemer in der Marina erfolgt.

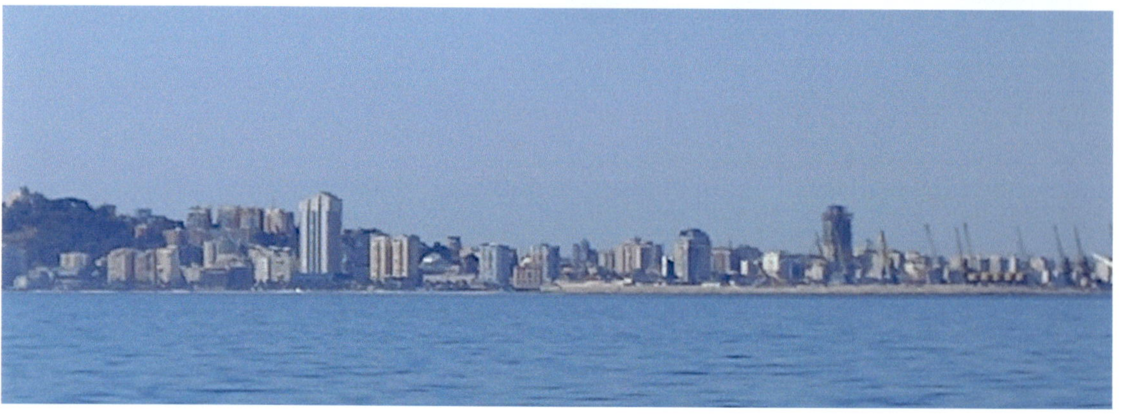

Sehenswerte Innenstadt Durrës

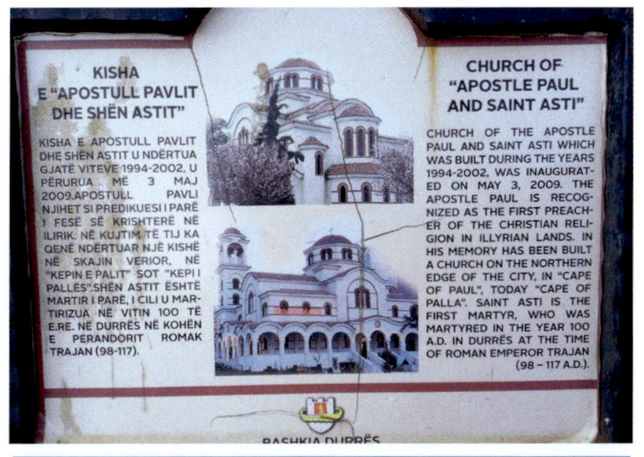

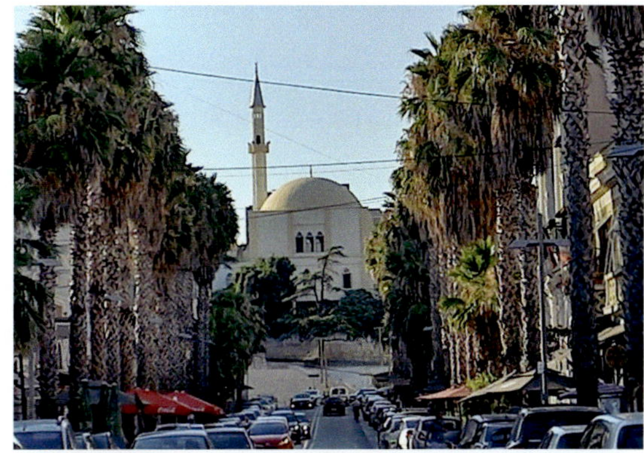

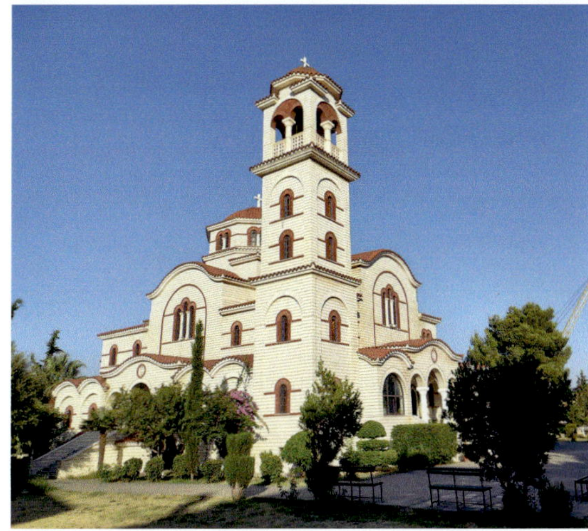

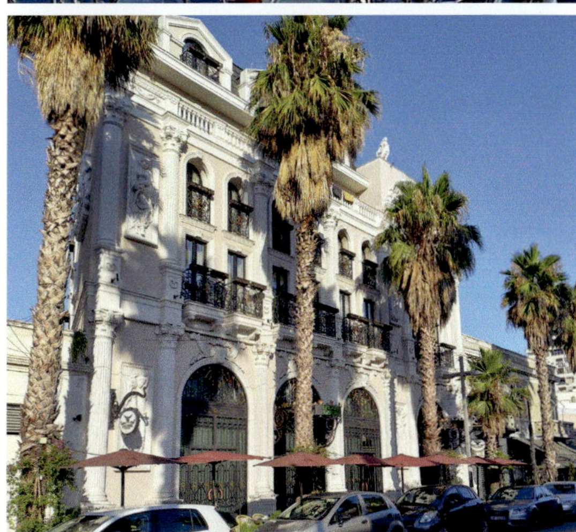

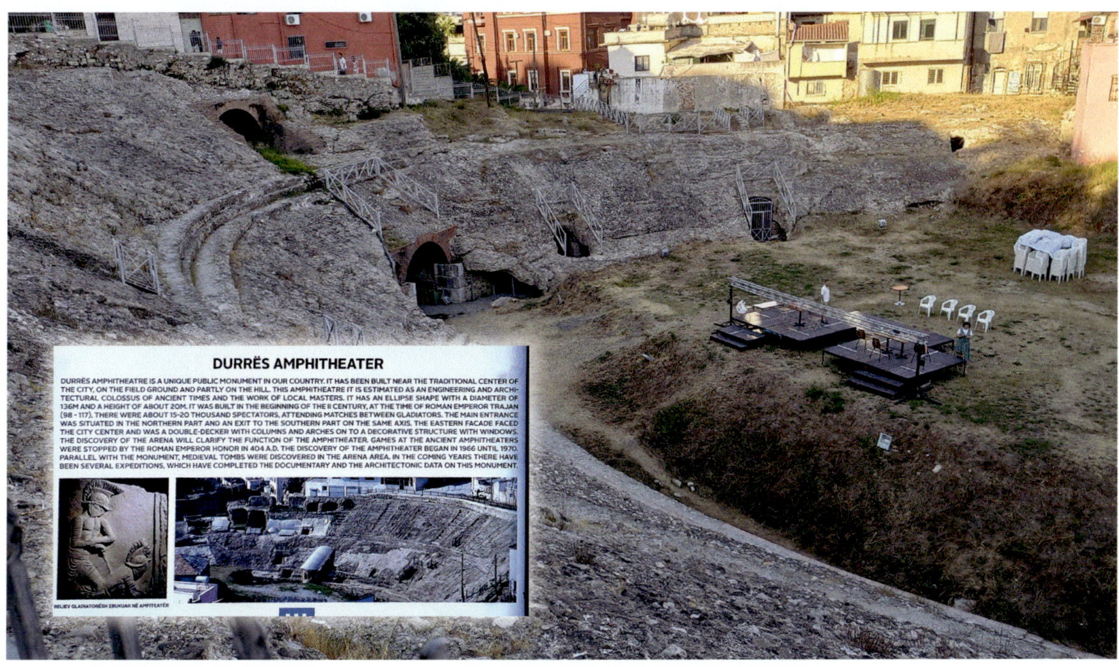

Abschnitt 3: Von Durres bis Orikum

3a) *Porto Albania – eine Fata Morgana*

Distanz Durres – Kap Lagit: 10 Seemeilen

Warnung: Untiefen in der Bucht von Durres

Majestätisch gleitet die große weiße Fähre aus Italien in der Morgensonne durch die Einfahrt. Es riecht nach großer, weiter Welt und wir laufen bei Windstille aus, nachdem uns der Agent die Papiere gebracht hat.

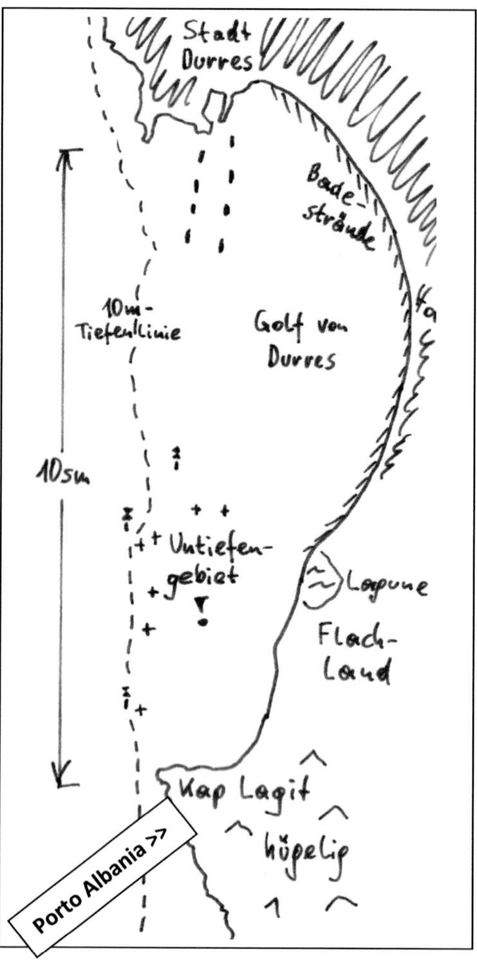

Zunächst folgen wir der gut markierten Fahrrinne für Großschiffe und machen dann einen Schlag hinaus aufs offene Meer, denn im südlichen Teil der Bucht von Durres liegt ein großes Untiefengebiet. Wir sind froh, die Region Durres hinter uns zu lassen, die so wenig attraktiv ist. Sogar die Badestrände südlich der Stadt werden in diversen Reiseführern wegen schlechter Wasserqualität als gesundheitsgefährdend eingestuft....

Als Schutz- und Versorgungshafen hat Durres eine wichtige Funktion, aber eine Marina für Yachten wäre natürlich viel besser. Das haben sich wohl auch die Investoren der schweizer Firma Finsec AG gedacht und beim Kap Lagit einen großen und mondänen Yachthafen projektiert. 650 Liegeplätze, Hotelanlage, Apartments, Golfplatz, Spa, Lokale, Geschäfte - die Internet-Präsentation ist wirklich sehr beeindruckend. Vor Ort ist allerdings noch nichts zu sehen außer ein paar Stein-Aufschüttungen rund um eine kleine Bucht. Wir hoffen sehr, dass dieses Projekt nicht im Sand verläuft!

Insider berichten, dass es immer neue Hindernisse am Weg zur Realisierung des Projektes gibt. Ob es nun um eine Genehmigung zum Ausbaggern geht, die wegen im Seeboden vermuteten archäologischen Artefakten immer wieder hinausgeschoben wird, oder um rechtlich angeblich nötige Firmenkonstruktionen, die ihrerseits wieder Bewilligungen benötigen – es ist offensichtlich, dass da irgendwas nicht zusammenpasst. Immerhin ist der Spatenstich bereits im Jahr 2015 groß gefeiert worden, mit Pressekonferenz und allem drum und dran. Es drängt sich der Verdacht auf, dass sich die bekanntermaßen sehr korrekten Schweizer nicht ausreichend mit den Geschäftsmethoden am Balkan beschäftigt haben.... vielleicht sollten sie sich einmal mit den Betreibern der Marina Orikum unterhalten, die wir bald erreichen werden?

3b) *Bis zum Ende der Adria*

Distanz Kap Lagit – Marina Orikum: 50 Seemeilen

<u>Warnung: Seezeichen vor Kap Vjosa fehlt</u>

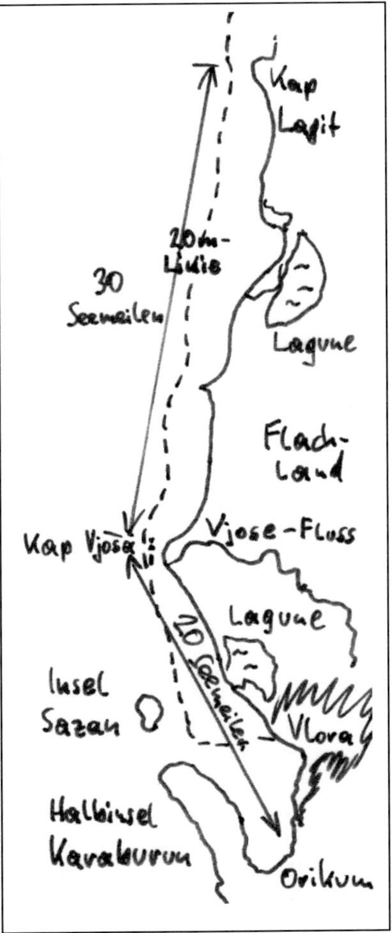

Der längste Schlag, eigentlich schon von Durres weg, muss gut vorbereitet werden: wir brauchen eine ausführliche Wetterprognose, die kein Aufkommen von Starkwind aus Westen erwarten lässt. Es gibt unterwegs keinerlei Schutzmöglichkeiten, von der Insel Sazan einmal abgesehen, aber dazu später. Wir haben nach der Prognose bei unserem Törn Richtung Süden ab dem frühen Nachmittag Südwestwind in moderater Stärke zu erwarten und bemühen uns deshalb, mit dem Motor möglichst weit zu kommen, bevor der Wind einsetzt.

Der vorherrschende Wind bei Schönwetter ist hier – wie in Kroatien – Maestral (NW) mit einer Häufigkeit von 40-50% im Sommer. Damit haben wir eigentlich gerechnet, aber das ist eben nur ein Durchschnittswert.

15 Meilen vor Kap Vjosa kommt der Südwest tatsächlich auf und wir beginnen, aufzukreuzen. Anfangs das reinste Vergnügen wird das immer mühsamer als der Wind auffrischt. Nach dem Passieren von Kap Vjosa wäre Abfallen nach backbord möglich, aber dazu müsste man das Kap erkennen! Die Küste ist allerdings nur eine ferne, eintönige flache Linie und das sehnlichst erwartete Seezeichen vor der Flussmündung ist einfach nicht vorhanden. Also fahren wir mit Motorhilfe auf der 20m-Linie weiter, bis wir laut GPS das Kap eindeutig passiert haben. Allzu weit dürfen wir aber auch nicht abfallen, denn vor uns wird die Küste wieder einmal extrem flach. Endlich erreichen wir das Lee der Insel Sazan und gerne würden wir den dortigen Hafen anlaufen – aber das ist, außer in Seenotfällen, verboten. Aus den ehemaligen albanischen Militäranlagen soll hier angeblich ein NATO-Stützpunkt gemacht werden.

Sobald wir in die große Bucht von Vlora einfahren ist es mit den Wellen vorbei und wir motoren bei einbrechender Dunkelheit an der Stadt Vlora vorbei in Richtung Orikum.

Wir sind froh, diesen langen Abschnitt hinter uns zu haben. Zwar hätten wir bei weiterem Auffrischen des Südwestwindes umkehren und gefahrlos Richtung Durres ablaufen können – aber die Ansteuerung bei Dunkelheit und Seegang von achtern wäre sicher kein Vergügen geworden. Der Verlauf dieses Segeltages bestätigt die Notwendigkeit, sich an der gesamten albanischen Küste vorsichtig und vorausschauend zu verhalten. Aber jetzt, mit der Einfahrt in die große Bucht von Vlora, haben wir endlich den schöneren und spannenderen Teil der albanischen Küste erreicht. Hier endet nicht nur die Adria, sondern auch die flache Küste, die wir seit der Einfahrt in albanische Gewässer entlanggefahren sind.

3c) *Die Bucht von Vlora*

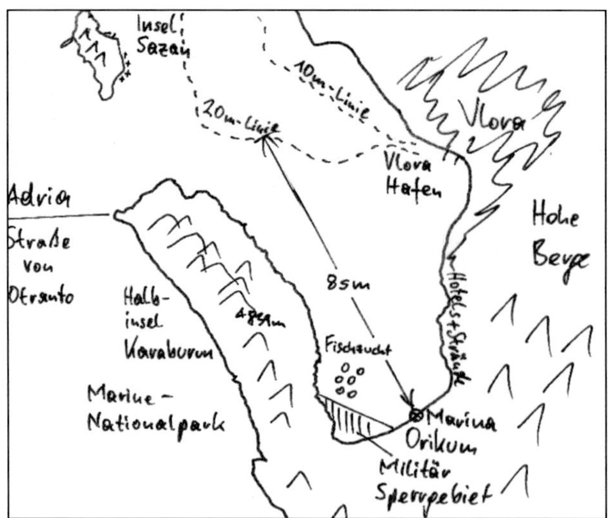

Ob die große Bucht noch zur Adria gehört oder nicht lässt sich schwer sagen. Offiziell endet die Adria mit der Nordspitze der Halbinsel Karaburun, aber die Einträge in den diversen Karten zeigen dies nur westlich der Halbinsel an. In Höhe des Hafens Vlora endet die flache Küste und die Bucht wird tief, wie man es von Kroatien gewohnt ist.

Am Ostufer der Bucht gibt es eine Küstenstraße, die von Vlora nach Orikum führt, und jede Menge Strandresorts, Hotels,Restaurants und Bars. Je weiter weg von Vlora, desto bescheidener werden die touristischen Angebote und westlich der Marina ist kaum noch was los. Hier beginnt ein Militärgelände, in dessen Zentrum im südwestlichsten Zipfel der Bucht angeblich ein riesiges U-Boot verankert ist – Google Earth zeigt an dieser Stelle entlang der Militärmole einen seltsamen dicken blauen Strich, der scheinbar etwas verdecken soll.

Nördlich davon beginnt der Marine-Nationalpark Sazan-Karaburun, der sich um die Habinsel herum und dann Richtung Süden zieht. Angeblich sind die Ufer hier streng geschützt.

Hafen und Stadt Vlora

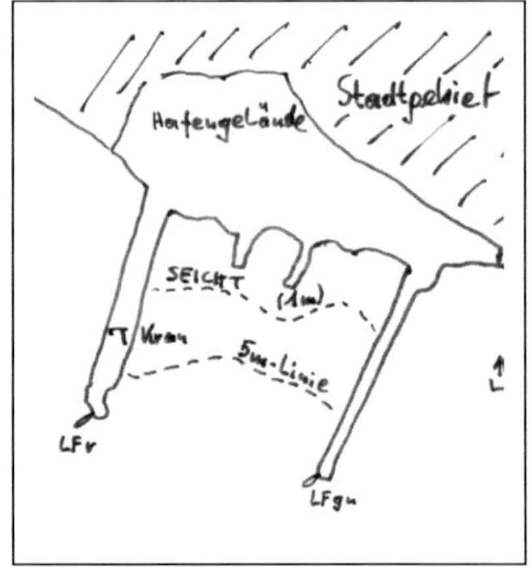

Mit dem Boot legen wir nicht in Vlora an. Das ist zwar der zweitwichtigste Hafen Albaniens, aber gerade das empfinden wir eher als Drohung denn als Pluspunkt. Wozu sollen wir uns dem Lärm und dem Hafenbetrieb aussetzen, wenn doch die Marina so nahe ist. Zudem besteht der Hafen aus nichts weiter als zwei parallel verlaufenden Molen, in südwestlicher Richtung, die einige hundert Meter lang sind. Im innersten Bereich des Hafens sind die Wassertiefen sehr gering. Nein, das wollen wir uns nicht antun!

Die Stadt selbst ist aber schon einen Besuch wert. Von der Marina aus ist sie mit dem Taxi in einer Fahrt von rund 20 Minuten zu erreichen.
Im Zentrum gibt es einige interessante Gebäude, zum Beispiel eine uralte Moschee. Großzügige Parkanlagen mit beeindruckenden Denkmälern laden zu Spaziergängen im Schatten alter Bäume ein. Alte Männer sitzen im Park beim Kartenspiel. Von einem Hügel droht ein riesiges, unmöglich aussehendes einst „modernes“ kommunistisches Denkmal, sogar der rote Stern ist noch drauf. Anders als in Durres geht es hier zwar lebhaft, aber nicht hektisch zu. Wir finden es interessant und fühlen uns wohl. Einkaufen ist bei den Preisen hier ein Vergnügen, es gibt alles, was wir brauchen und noch viel mehr. Wer hier in der Gegend ist sollte die Stadt unbedingt besichtigen.

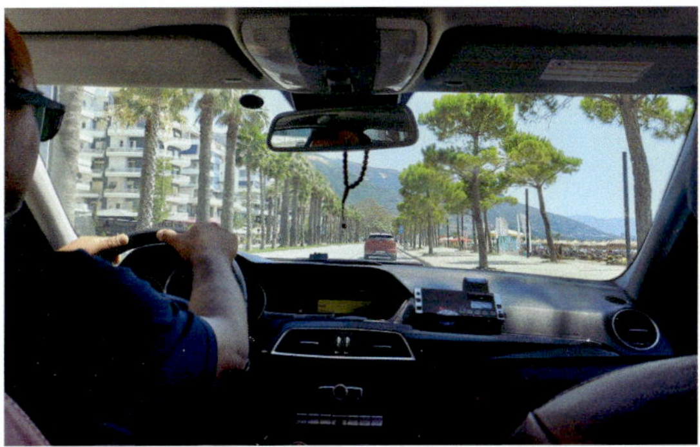

Vlore nicht auslassen, mit dem Auto ist man von Orikum schnell in der Stadt.

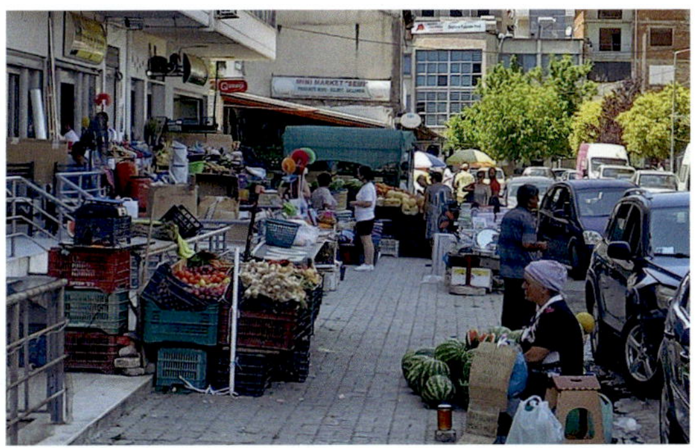

Es gibt Märkte zum Einkaufen.

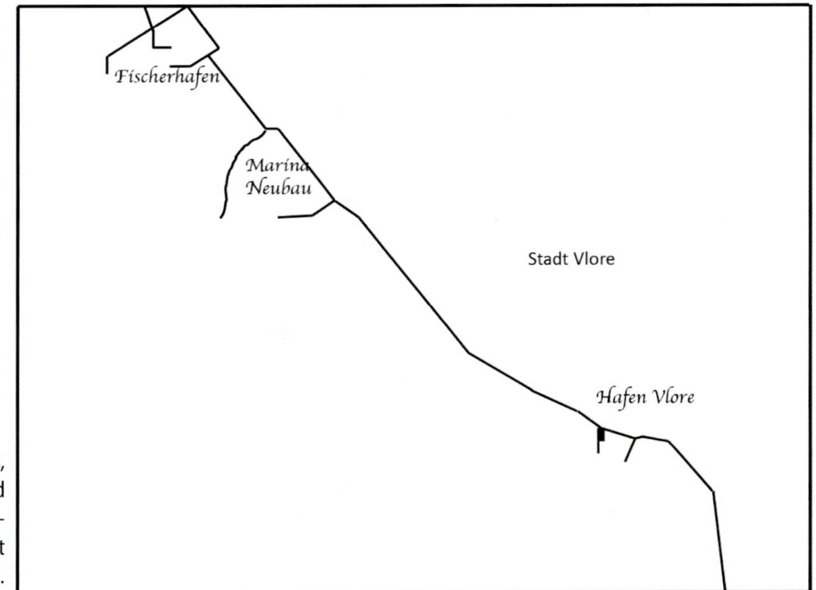

Die Bucht von Vlore. Hier tut sich was, eine neue Marina soll entstehen und selbst der alte Hafen soll in ein modernes nautisches Zentrum umgewandelt werden.

Fischzucht in der Bucht Vlora

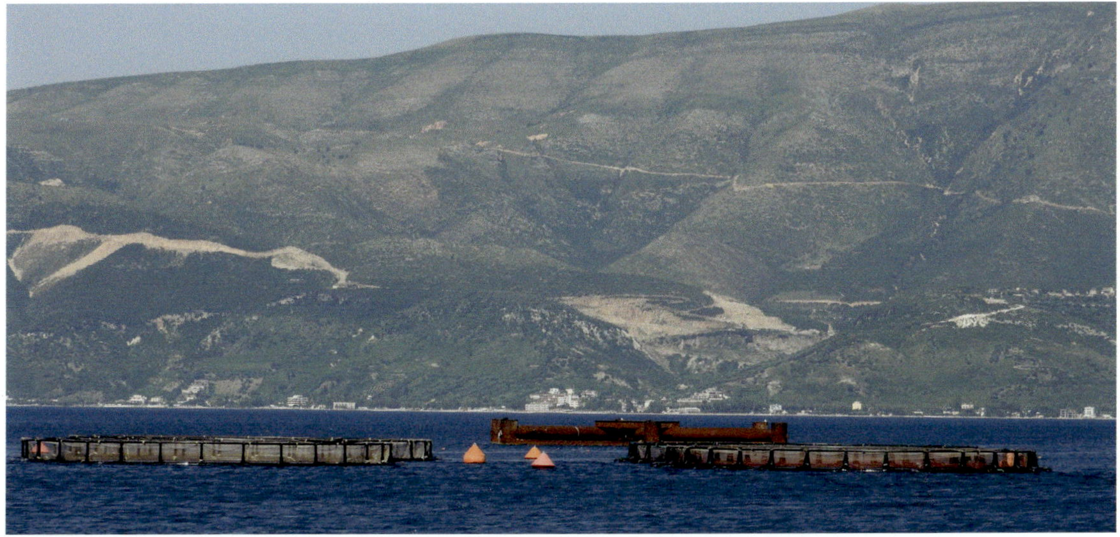

3d) Marina Orikum

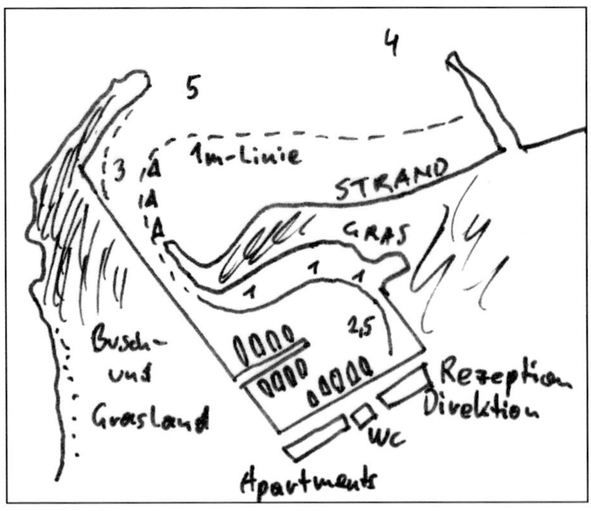

Die Ansteuerung der Marina ist bei Tag einfach, denn die Gebäude aus roten Ziegeln bilden ein markantes Ensemble. Zwischen einer Reihe Bojen und einer langen geraden Mole geht es nach hinten ins Marinabecken, in dessen Mitte ein Schwimmsteg neben einer Handvoll Dauerliegern einige Plätze für Yachten im Transit bietet.

Es ist ratsam, die Ankunft bei der Marinaleitung anzukündigen, was aber nur bis 18:00 Uhr möglich ist. Wir kommen bei Dunkelheit an, ohne Anmeldung, und werden vom Direktor dafür persönlich ziemlich heftig kritisiert.

Wenig später wissen wir, warum: er hat sich gerade die Übertragung eines WM-Spieles angesehen und wurde vom Nachtwächter unterbrochen. Es löst sich aber alles in Wohlgefallen auf, denn er freut sich sehr über die Ankunft einer kroatischen Yacht.

Das Marina-Rätsel

Die Marina liegt in einer Art Dornröschenschlaf. Der Vormittag – in jeder anderen Marina die Zeit, um an Booten herumzuschleifen oder Außenborder zu testen – vergeht mit Vogelgezwitscher und ein bis zwei leise blubbernden Ein- oder Auslaufmanövern von Transityachten. In einem winzigen Büro mit der Aufschrift „Police“ döst ein Uniformierter vor sich hin und in den Fugen des gepflasterten Weges zu den Sanitärräumen wächst das Gras. Ein einsamer staubiger Mercedes steht am Parkplatz – vermuten wir getrost, dass er dem Direktor Luigi gehört, denn sehr viele andere Möglichkeiten gibt es nicht. Man kann sich des Eindrucks nicht erwehren, dass sich unter der schlummerden Oberfläche ein Geheimnis verbirgt, denn es gibt einige sonderbare Umstände, die zum Nachdenken anregen. Gleich gegenüber von unserer braven und biederen Rasotica liegt ein 36-Fuß-Kajütmotorboot mit drei Außernbordern zu je – ernsthaft – 350 PS. Laut Auskunft von Experten erlaubt das eine Höchstgeschwindigkeit von rund 60 Knoten. Nicht schlecht, wenn man bedenkt, dass die Straße von Otranto gerade einmal 40 Seemeilen breit ist...und es ist nicht das einzige Boot dieser Art, es gibt eine Handvoll davon in der Marina. Seltsamerweise gibt es aber in ganz Albanien keine einzige Bootstankstelle. Und die Marina ist fest in italienischer Hand. Wir wollen hier nichts behaupten, aber jeder kann seine eigenen Schlüsse ziehen….

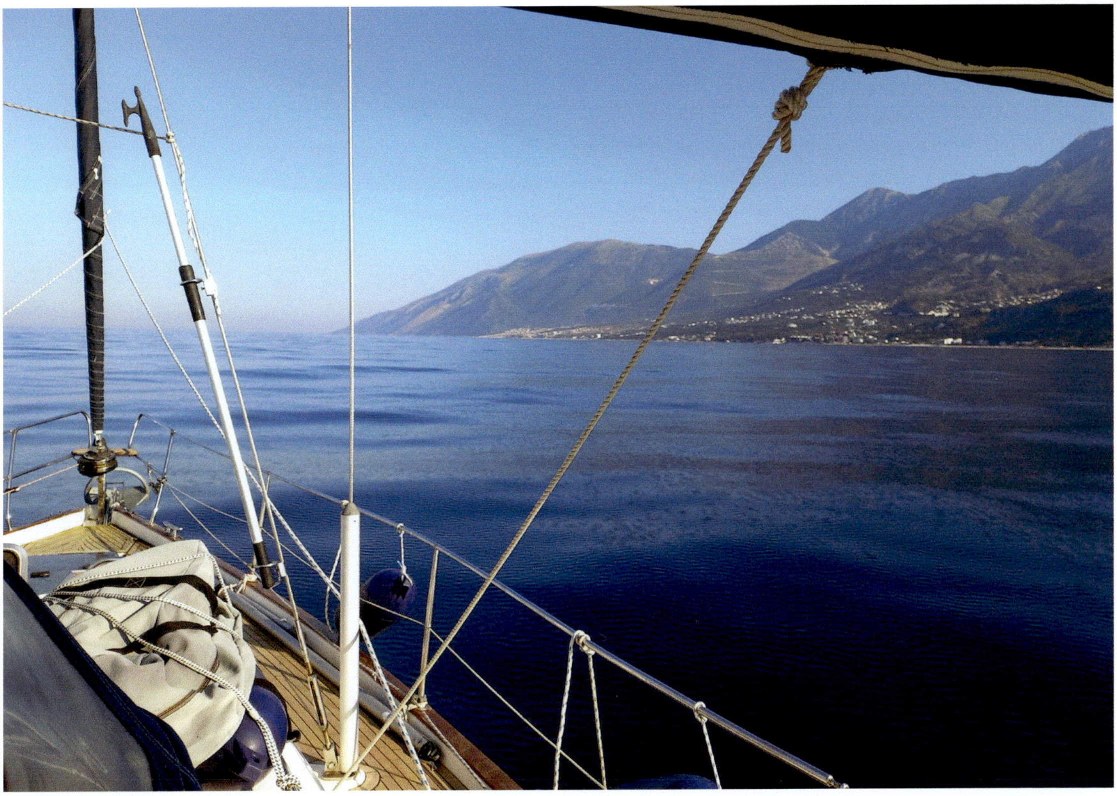

Auf dem Weg zur Marina Orikum in der Bucht von Vlore

Die Einfahrt der Marina Orkum

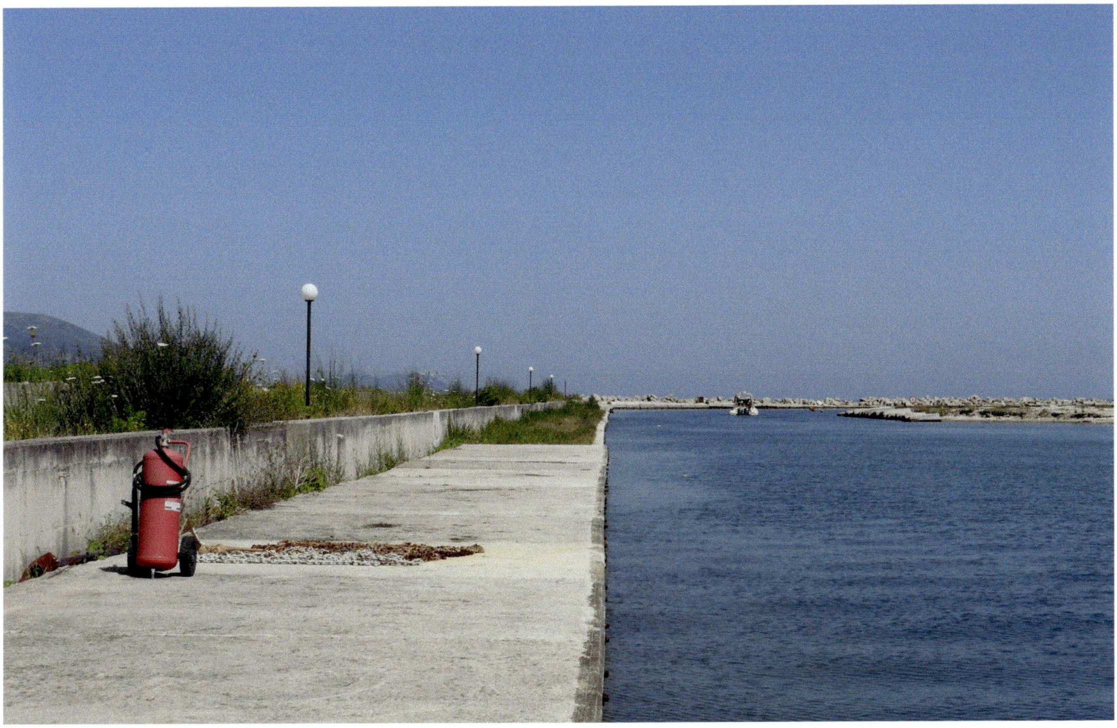

Marina di Orikum, Orikum, Vlore, Albania

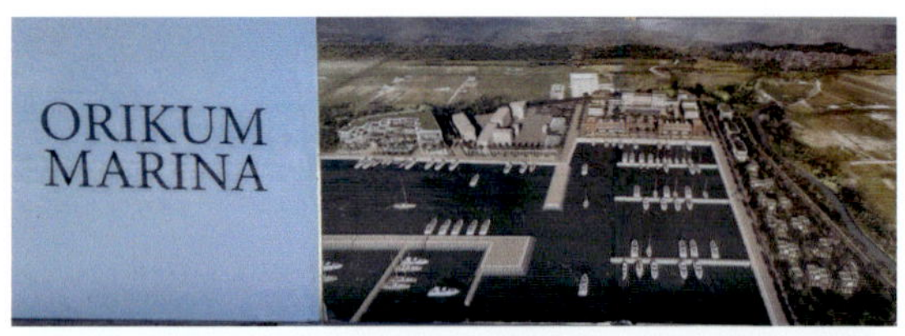

https://marinaorikum.com, Tel.: +355 68 6039 888, marinaorikum@hotmail.it; VHF channel 15; Port Of Entry

Platz für 600 Yachten, an Schwimmstegen, die laufend erweitert werden, bis 15m Länge auf 2,5m. Keine Tankstelle aber organisierte Versorgung mit Treibstoff, Strom, Wasser an allen Liegeplätzen. Sanitäreinrichtungen, Kaffee Bar, Reparaturen werden vermittelt. Ausbau der Marina war 2022 auf wesentlich mehr Liegeplätze.

Anmerkung: Die Einfahrt befindet sich am nördlichen Ende des Wellenbrechers zwischen diesem und einer großen roten Boje. Der Kanal verläuft dann weiter, markiert durch eine Reihe kleinerer roter Bojen, über eine Knicklinie entlang der Mole und in den Yachthafen hinein. Es ist wichtig, beim Eintritt in die Mitte des Kanals zu bleiben, da die geringste Tiefe auch hier etwa 2,75 Meter beträgt und die Tiefe schnell abnimmt, sobald man die Mitte verlässt.

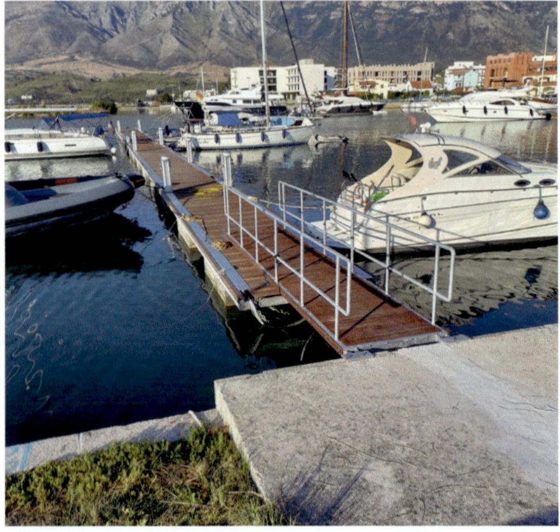

Liegeplatz Marine Orikum

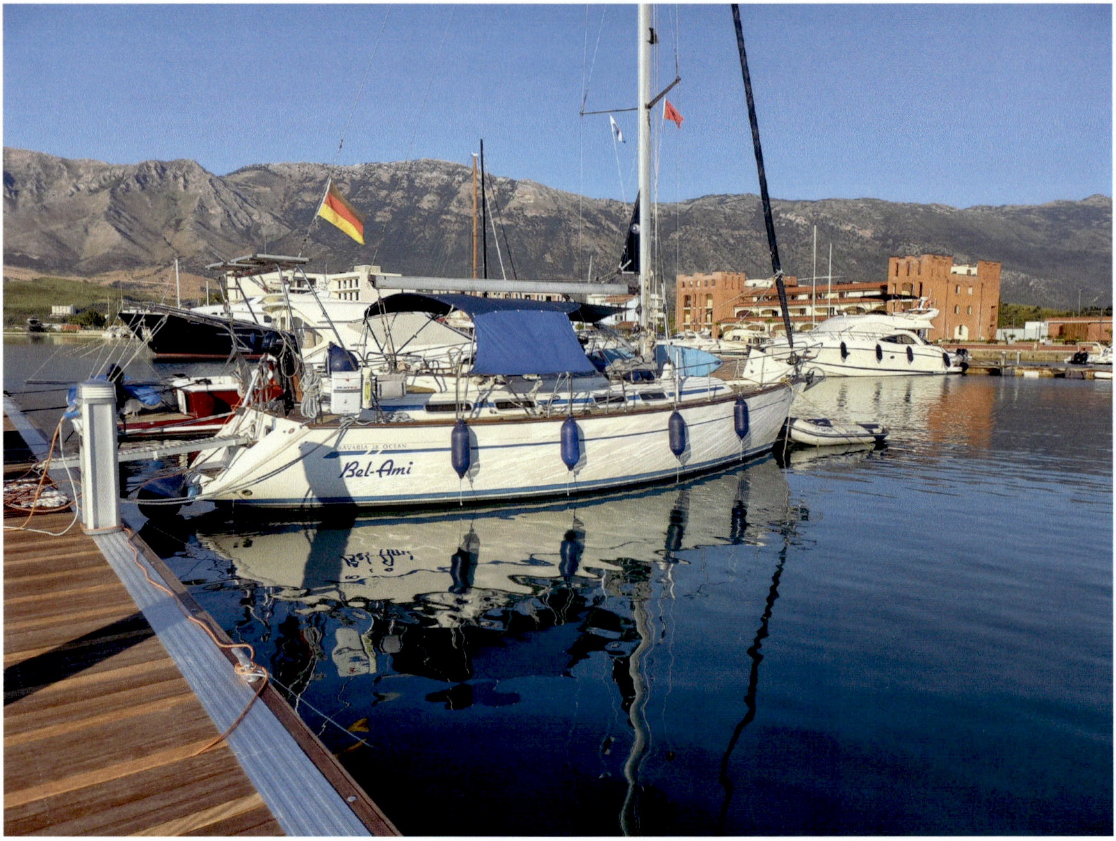

Abschnitt 4: Halbinsel Karaburun bis Porto Palermo

4a) *Die erste schöne Ankerbucht*

Warnung: Leinenchaos bei den Fischzuchten

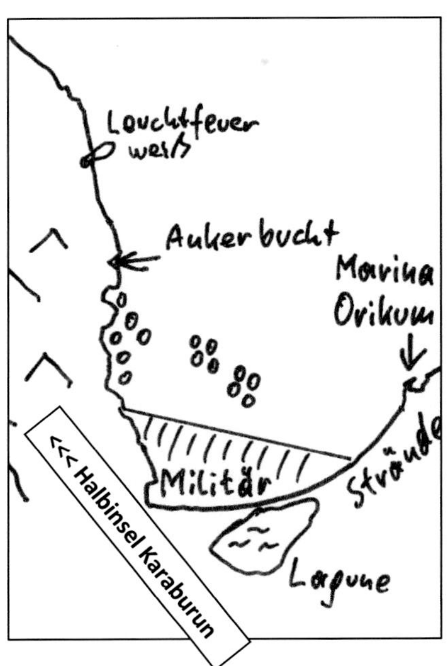

Am Westufer der Bucht von Vlora, gegenüber der Marina Orikum, gibt es eine Reihe von Buchten, die auf der Seekarte vielversprechend aussehen. Wir wollen sehen, ob sie sich zum Übernachten eignen. Zunächst stoßen wir auf große runde Fischzuchtbecken in der Mitte der Bucht, die zwar auf keiner Karte ersichtlich, aber wenigstens ausreichend gekennzeichnet sind. Aber auch bei der Ansteuerung der Buchten am Westufer finden wir zahlreiche Fischzuchtbecken vor, und, anders als die vorhin erwähnten sind sie hier eher schlecht sichtbar und scheinbar weniger professionell betrieben. Zwar schaffen wir es durch ein Gewirr von Trossen, Leinen und halb versunkenen Bojen bis in die größte der Buchten hinein, aber die Baracken dort machen keinen einladenden Eindruck und wir entscheiden uns, weiterzufahren. Schließlich finden wir in der nördlichsten der Buchten vor, was wir gesucht haben: sauberes Wasser, Ruhe, guten Ankergrund und eine Mole für die Landfesten.

Einsamkeit

Keine Geräusche außer dem Glucksen kleiner Wellen und ab und zu einem Vogelruf. Vom Berg, an dessen Flanke wir hinaufklettern, haben wir eine unglaubliche Aussicht auf die ganze große Bucht von Vlora. Das Schwimmen in unserer kleinen Bucht ist ein Genuss. Endlich sind wir dort angekommen wo wir eigentlich hin wollten: ein sehr schöner, ruhiger und zugleich sicherer Ankerplatz in der Natur ohne Lärm und ohne Stress. Am Abend sind die Lichter der Ortschaften gegenüber am Ostufer der großen Vlora-Bucht zwar noch sichtbar, aber so weit weg, dass wir nachts die Milchstraße am Firmament sehen können. Sachtes Schaukeln wiegt uns in den Schlaf….

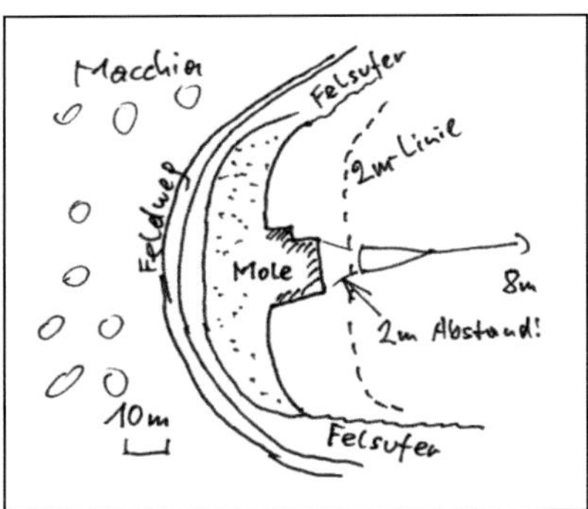

Auf Google Earth ist die Bucht samt Mole gut zu erkennen. Einen Namen konnten wir nicht herausfinden, aber das kleine Richtung Süden anschließende Kap heißt Punta Ragusa.

Koordinaten (Mole): **40° 21‘ 40,8“ N, 19° 24‘ 28,6“ E**

Die Tiefenlinien auf Navionics sind falsch! Man kann mit dem Heck bis 2 Meter Entfernung an die Mole heranfahren, aber nicht weiter, wegen Steinaufschüttung. Direkt an der Mole beträgt die Tiefe nur einen halben Meter. Auf dem Feldweg – eigentlich eine Schotterpiste – fährt alle paar Stunden ein Geländewagen vorbei. Das sind die Betreiber der weiter nördlich gelegenen einsamen Strandbars, deren Gäste per Ausflugsboot von Vlora aus hingebracht werden.

4b) *Der Marine-Nationalpark Sazan-Karaburun*

Distanz Orikum – Bucht Brisani: 19,5 Seemeilen

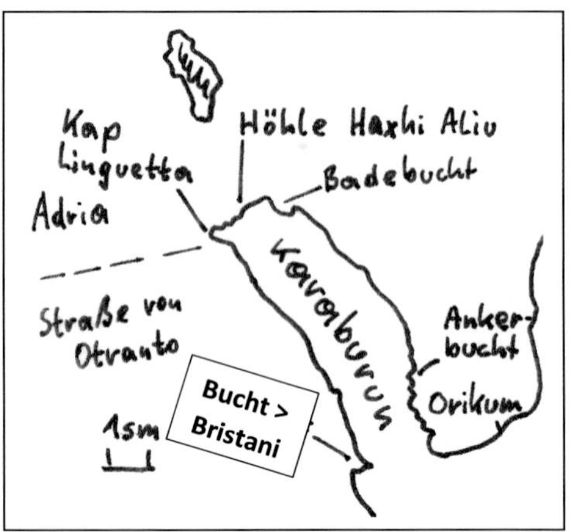

Warnung: zum Heulen schön

Nach verlassen unserer netten Bucht motoren wir die Ostküste der Halbinsel entlang. Das Ufer ist einsam, bis auf zwei „Strand-Resorts“, die jeweils aus einer Bar (mit groooßen Lautsprechern) sowie Liegenstühlen und Sonnenschirmen bestehen. Noch ist Niemand da....

Am nördlichen Ende von Karaburun gibt es eine große und äußerst schöne Ankerbucht zum Baden, sie ist aber gegen Winde aus dem 1. und 4. Quadranten völlig offen. Hier sind wir schon im Marine-Nationalpark.

Nur eine Seemeile weiter wartet das nächste spektakuläre Naturerlebnis: in die Höhle mit dem Namen „Haxhi Aliu“ kann man mit der Segelyacht (Heck voraus!) fast ganz hineinfahren, so hoch und breit ist sie. Nur ein Unterwasserfelsen verhindert die vollständige Einfahrt. Trotzdem: so was haben wir noch nie gesehen. Den Touristen, die per Ausflugsboot aus Vlora kommen, wird sie als „Piratenhöhle“ verkauft, was natürlich Blödsinn ist, denn was sollte ein Pirat da drin machen...bei Maestral ist die Einfahrt nicht möglich, weil die Welle dann hineinsteht. Also eher morgens oder vormittags besuchen. Absolut sehenswert!

Nach Passieren von Kap Linguetta wird die Küstenlandschaft bald unwirklich schön. Hunderte Meter hohe, fast senkrechte Felswände wechseln sich mit winzigen Buchten mit weißen Kiesstränden ab. Das Wasser ist von einem so tiefen Blau, wie man es nur selten sieht, aber bei den kleinen Stränden und nahe den Ufern spielt es in Türkis- und Grüntöne. Vogelschwärme kreisen hoch oben über den Berghängen. Grotten und Höhlen säumen das Ufer. Irgendwo hier, so haben wir herausgefunden, gibt es noch eine Kolonie Mönchsrobben, aber wir sehen sie nicht. Dafür erreichen wir zu Mittag das Paradies: weißer Sand, guter Ankergrund, klares türkisblaues Wasser und hinter dem Strand ein kleines Wäldchen zum Erforschen. Und Einsamkeit, denn hier sind wir schon außerhalb der Reichweite von Ausflugsbooten aus Vlora. Die Bristani-Bucht ist ein Seglertraum...

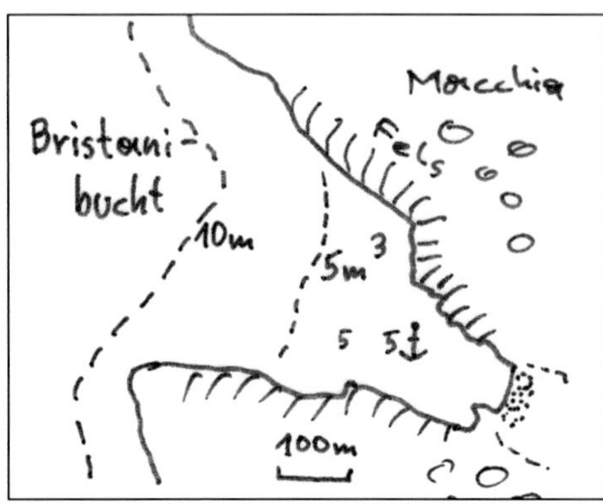

Position: **40° 18‘ 55,3“ N, 19° 22‘ 40,2“E**

Die Bucht ist die größte in diesem Küstenbereich, aber es gibt noch viele weitere, die einen Besuch wert sind, wenn gerade kein Wind aus westlichen Richtungen weht.

Dass die Küste ein Marine-Nationalpark ist wirkt sich (noch) nicht aus. Es gibt weder Gebühren, noch Kontrollen, aber einige Verbote: Angeln, Harpunieren, Tauchen, Pflanzen oder Tiere mitnehmen geht nicht. Ein Besucherzentrum ist hier geplant, aber die Realisierung steckt seit Jahren fest.

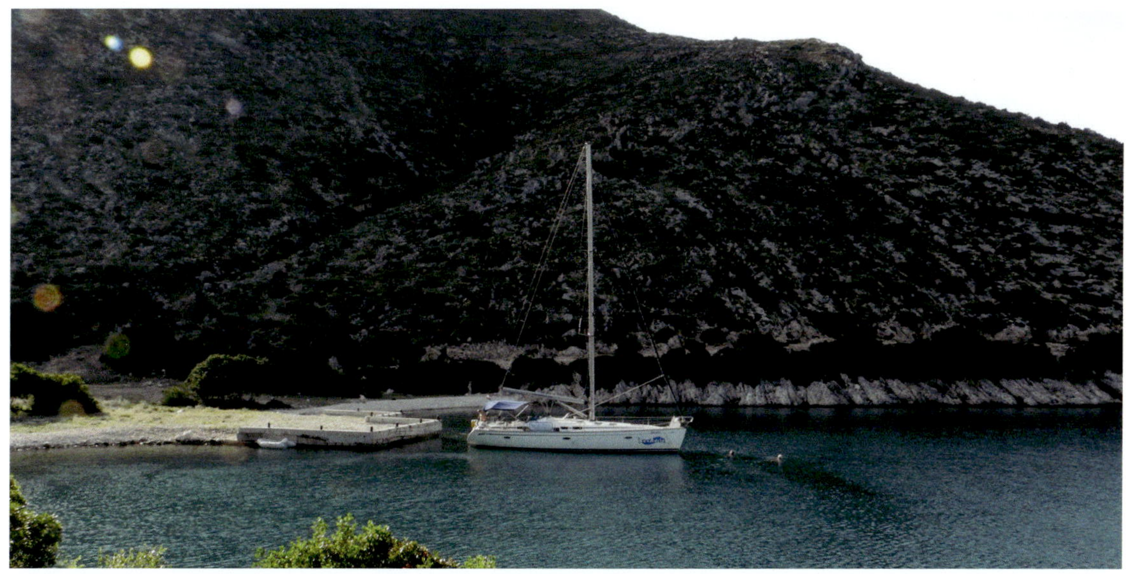

Ankerplatz bei Punta Ragusa. Koordinaten (Mole): 40° 21′ 40,8″ N, 19° 24′ 28,6″ E

Anmerkung: Es besteht ein Schutzgebiet von 0,5 sm um den »Marinen Nationalpark Karaburun« und die Insel »Sazan« (NW-lich der Marina Orikum), die nicht befahren werden dürfen. Nach Wikipedia-Angaben liegen hier viele historische Wracks und Wracks aus dem 2. Weltkrieg. Außerdem besteht dort eine spezielle schützenswerte Meeresfauna.

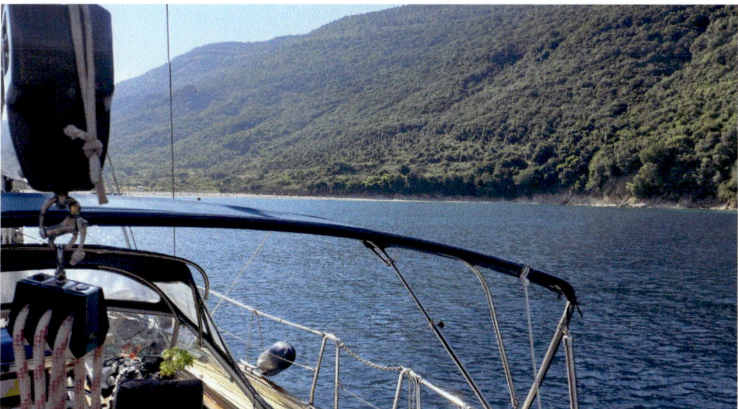

Auf dem Weg nach Porto Palermo

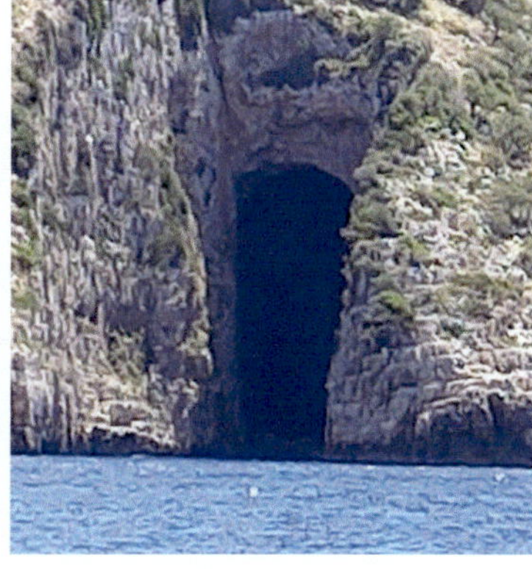

Die Höhle „Haxhi Aliu“

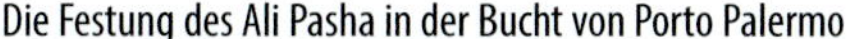

Die Festung des Ali Pasha in der Bucht von Porto Palermo

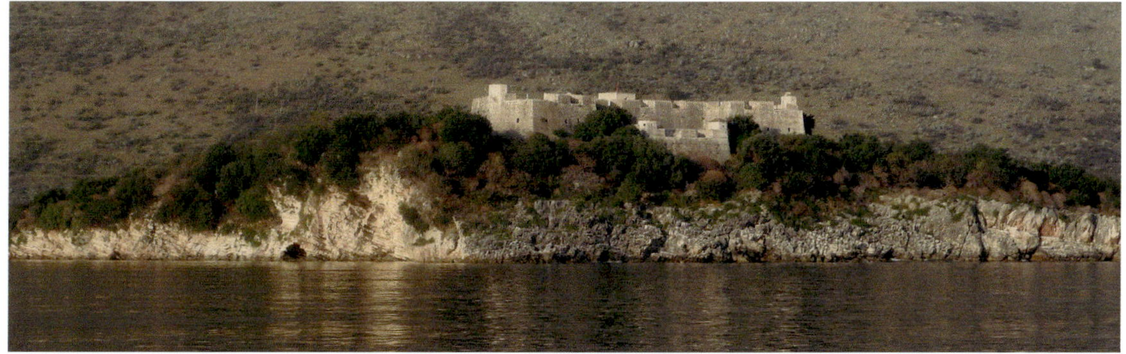

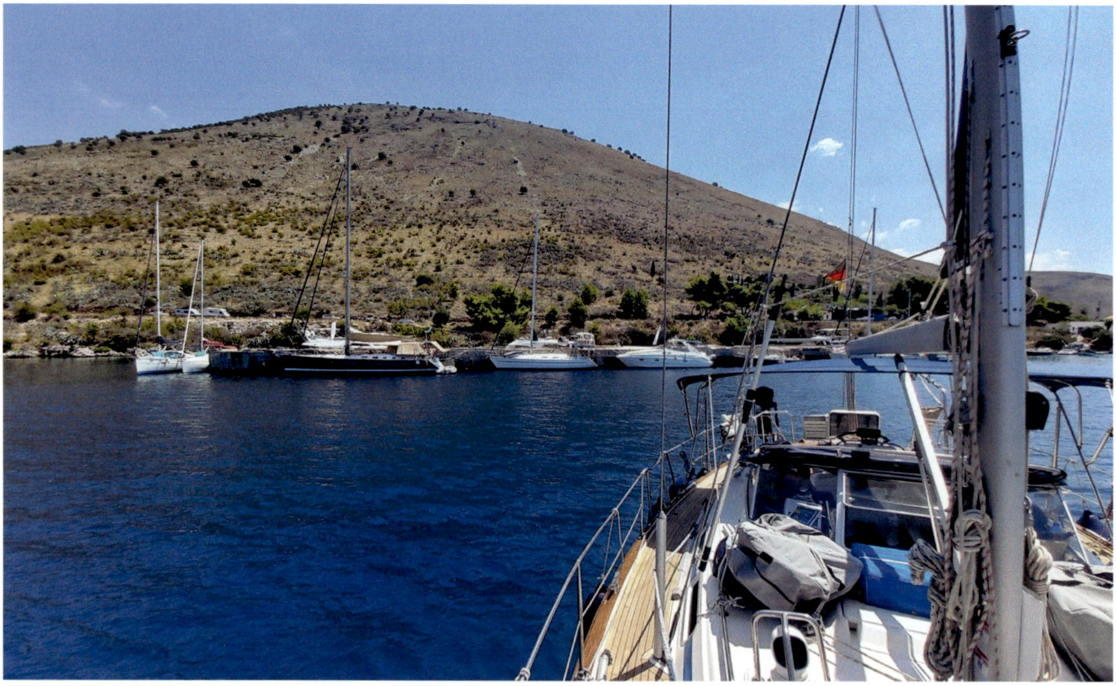

An der alten Militärmole und Ankern in der Bucht. Achtung, starke Fallwinde!

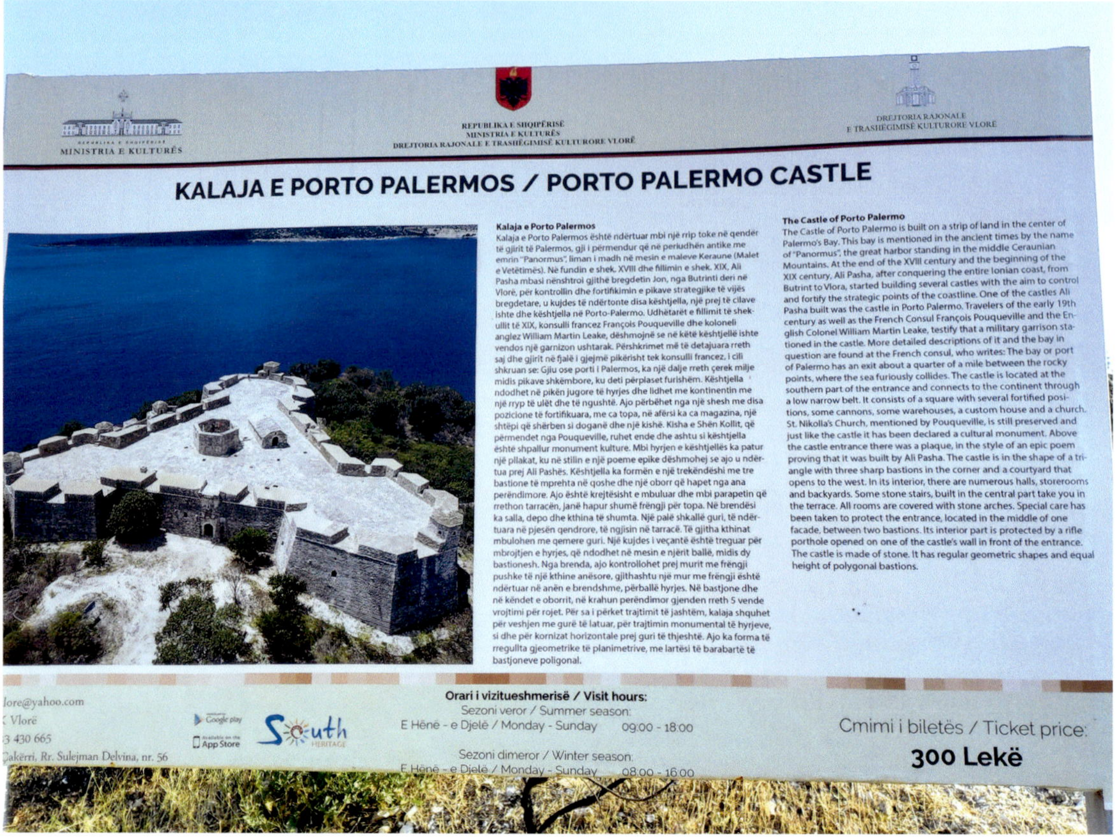

4c) *Ins Ionische Meer: die albanische Riviera*

Distanz Bucht Brisani – Porto Palermo: 25 Seemeilen

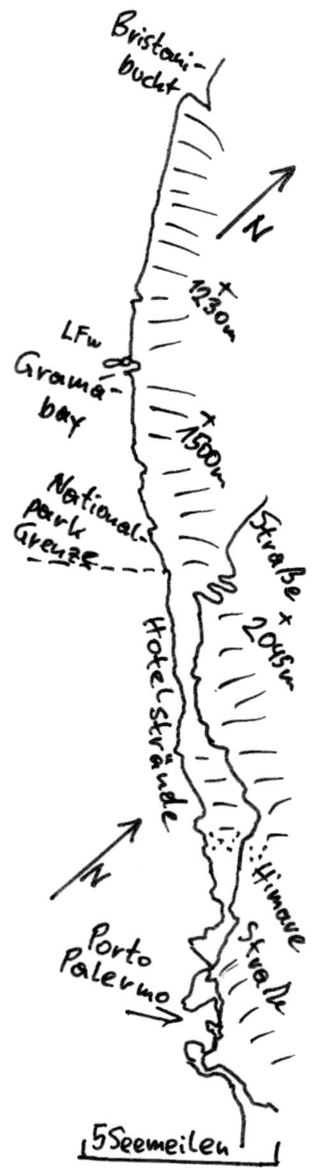

Mit achterlichem Wind segeln wir die weiterhin ziemlich beeindruckende Küste entlang und noch immer sind keine Anzeichen von Zivilisation zu sehen. Das Küstengebirge ist bis zu 2000 Meter hoch. Empfehlenswert ist ein Besuch in der Grama Bucht, in anderen Unterlagen auch als San Andrea Bucht bezeichnet. Sie ist etwas kleiner als die Bristani-Bucht, aber noch schöner. Vorsicht bei der Einfahrt auf Unterwasserfelsen am rechten Ufer der Bucht.

Position: **40° 12‘ 56,1“ N, 19° 28‘ 24,7“E >>>**

Hier gibt es sogar eine Grotte, in die man mit dem Beiboot hineinfahren kann. Leider war es bei unserem Besuch wegen Maestral-Wind schon zu unruhig zum Ankern.

Fünf Meilen südlich der Grama Bay endet der Marine-Nationalpark. Die Straße die von Vlora kommt fällt in zahlreichen Serpentinen vom Küstengebirge herunter und ab jetzt sieht man am Ufer wieder Badeorte, Apartments und belebte Strände.

Die Bezeichnung „Albanische Riviera“ für die Küste von Karaburun bis hinunter zur griechischen Grenze ist keine Übertreibung, denn wie an der original italienischen Riviera reiht sich ein Badeort an den nächsten und streckenweise liegen beeindruckende Bergketten dahinter. Die albanische Riviera wird in den letzten Jahren von Reisemagazinen und Tourismus-Plattformen als Top-Reiseziel bezeichnet und erlebt einen veritablen Boom. Kein Wunder, denn hier ist das Wasser sauber, die Leute sind gastfreundlich und die Preise sind (noch) recht niedrig. Was für eine richtige Riviera allerdings noch fehlt sind die Boote, denn davon gibt es mangels Häfen nur sehr wenige. Am Wasser sind wir also über weite Strecken ganz alleine unterwegs.

Porto Palermo

Schließlich erreichen wir eine der wenigen gegen alle Winde geschützten Anlegestellen innnerhalb der Bucht von Porto Palermo: in diese große Bucht ragt eine kleine Halbinsel, auf der die Festung des Ali Pasha steht, das war ein osmanischer Fürst. Hinter dieser Halbinsel gibt es eine große alte Militärmole. Sie ist viel zu hoch für Yachten, sodass man ein wenig klettern muss, um an Land zu kommen, aber man liegt hier bei jedem Wetter sicher.

Die ganze Bucht von Porto Palermo war in den vergangenen Jahren immer wieder zeitweise für Yachten gesperrt. Damit sollte der Schmuggel nach Korfu unterbunden werden, denn von hier aus sind es nur noch 14 Semeilen dorthin. Bei unserem Besuch war allerdings alles offen bis auf den nordwestlichen Zipfel der großen Bucht, wo sich hinter einem beeindruckenden Stahltor angeblich ein hunderte Meter langer U-Boot-Bunker verbirgt.

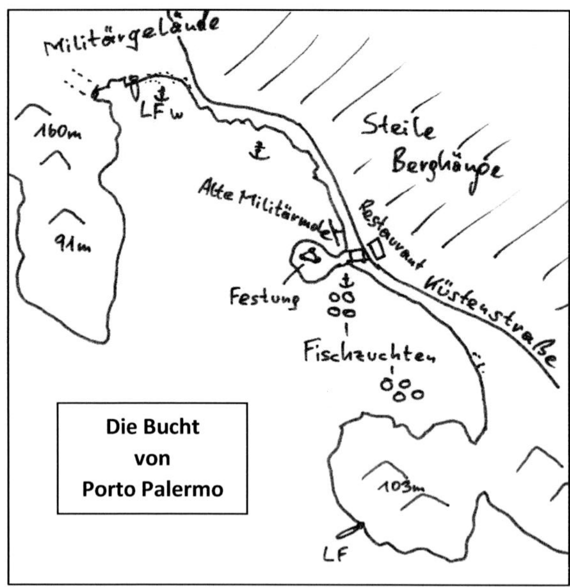

Die Bucht von Porto Palermo

Im Sommer trifft man an der alten Militärmole täglich 2-3 Yachten an, das hat uns der Chef des Restaurants erzählt. Wir haben hier eine deutsche Yacht wiedergesehen, der wir schon vorher in Kroatien begegnet sind. Das Restaurant lebt von Reisenden, die auf der Küstenstraße unterwegs sind, sowie von den Besuchern der Festung und Badegästen, denn es gibt auch einen kleinen Sandstrand hier. Das Lokal ist sehr gut und hat in verschiedenen Internet-Bewertungen beste Platzierungen.

Die Festung ist sehenswert und gut erhalten. Gegen eine kleine Gebühr kann sie besichtigt werden, wobei das Englisch des Fremdenführers kaum verständlich ist.

Wir haben einmal querab vom Molenkopf und in ausrechendem Abstand auf rund 5 Meter Tiefe frei geankert. Ein böiger Nordwind von den Bergen herab hat allerdings in der Nacht den Anker zum Slippen gebracht und wir mussten wegfahren.

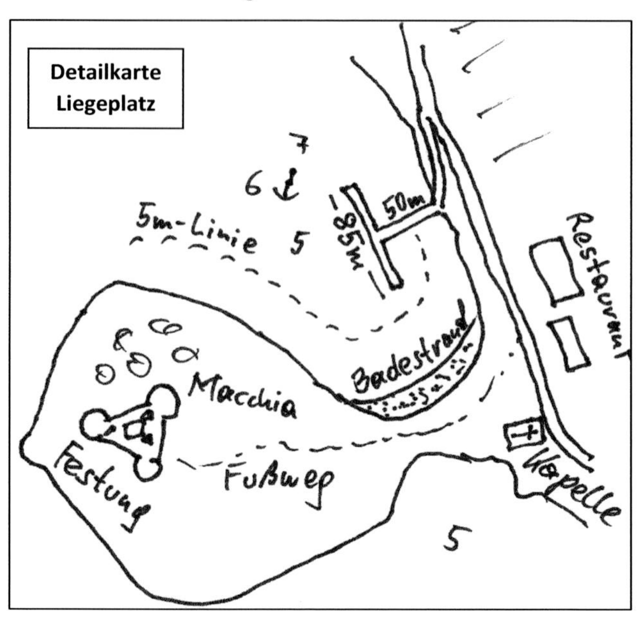

Detailkarte Liegeplatz

Längsseits anlegen ist kein Problem, allerdings gibt es keine Poller und man muss mit den Leinen ein wenig improvisieren. Nachdem die Straße gleich nebenan ist sollte man vielleicht nicht allzu lange im Restaurant bleiben oder jemand an Bord zurücklassen. Von der Restaurant-Terasse hat man die Mole gut im Blickfeld. Eine gute Lampe ist Pflicht, denn ein paar kleinere Teile der Betondecke auf der Mole sind eingebrochen und die Löcher sind Stolperfallen.

Eine Liegegebühr gibt es hier nicht.

Fahrtensegler unter sich

Die wenigen Yachten, die man an dieser Küste antrifft, sind durchwegs Eignerboote und zumeist im Transit von Montenegro nach Griechenland oder umgekehrt. Fallweise hat man sich schon in Durres oder Sarande kennengelernt. So ist es kein Wunder, dass der alte Spirit der Fahrtensegler und die Kameradschaft unter Seglern hier noch lebt. Keinesfalls sollte man an Porto Palermo vorbeifahren: eine Übernachtung hier wird dringend empfohlen.

Abschnitt 5: Porto Palermo bis Sarande

5a) *Krorezit Beach, Kakome Bay*

Distanz Porto Palermo – Kakome Bay: 10 Seemeilen

Beim letzten größeren Abschnitt unserer Segelreise ist die griechische Insel Korfu steuerbord voraus schon gut zu sehen. Leider hat unsere Charteryacht *Rasotica* keine Zulassung für griechische Gewässer. Schade, denn auch um Korfu gibt es attraktive Ziele.

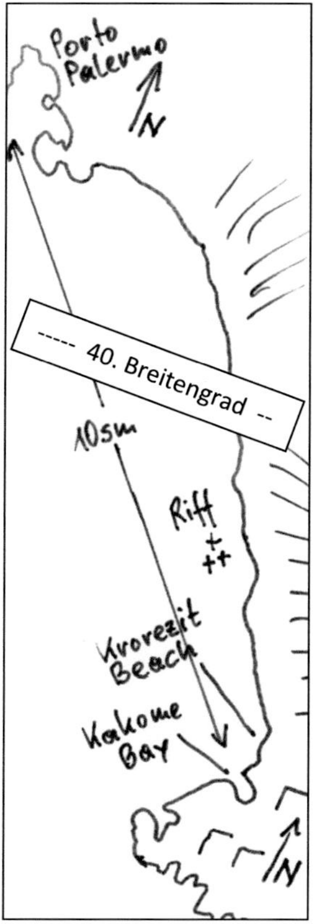

Man könnte doch, so überlegen wir, umgekehrt vorgehen: ein griechisches Boot in Korfu chartern, dann in Sarande einklarieren und einen einwöchigen Törn bis zur Bucht von Vlora und zurück segeln? Die Idee wird uns noch beschäftigen. Aber jetzt nähern wir uns dem Krorezit-Strand, der nur vom Meer aus erreichbar ist, hier gibt es keine Straße.

Eine Felswand, gekrönt von dichter Macchia. Ein endloser Strand aus runden weißen Kieselsteinen. Steil abfallendes tiefblaues und doch klares Wasser. Und sonst nichts. Oder? Was ist das dort drüben? Ein paar hundert Meter den Strand entlang tut sich was. Ein Boot ankert, man hört ein wenig Musik, sieht eine Hütte und allerhand Zeug. Lachen weht herüber. Das müssen wir uns ansehen! Beim Näherkommen stellt sich heraus: hier entsteht ein Strandressort. Das braucht eine Hütte mit der Bar, die steht zum Glück schon. Weit dahinter der Generator für die Soundanlage, beides läuft bereits, womit auch die Getränke schon gekühlt werden können. Drei Tische und drei Sonnenschirme stehen bis jetzt. Und unter einem Sonnendach werden die restlichen Möbel zusammengenagelt und -geschraubt. Lauter junge Leute sind hier zugange. Sie freuen sich, dass wir kommen, sind fröhlich, erzählen, dass sie die nächsten zwei Monate täglich Gäste auf Ausflugsschiffen von Sarande erwarten, und dass sie sich im Tourismus etwas aufbauen wollen. Gute Musik, kaltes Bier, und, am wichtigsten: gute Stimmung. Da kann gar nicht schiefgehen. Wir wünschen den jungen Leuten viel Erfolg! Und dass der Maestral nicht zu heftig weht, denn dann kann das Ausflugsboot hier nicht ankern.

Zweihundert Meter vom südlichen Ende des Krorezit Strandes befindet sich die **Kakome Bay**, wieder eine unglaublich schöne Bucht. Über den felsigen Ufern an den Seiten steht dichter Wald, am Ende der Bucht gibt es einen mehrere hundert Meter langen und sauberen Sandstrand sowie eine lange Mole. In der Satellitenansicht ist im Tal östlich der Bucht ein seltsames Straßengeflecht zu erkennen: das sind die Zufahrten zu einem Club Med-Feriendorf, das aber nicht weitergebaut wurde.

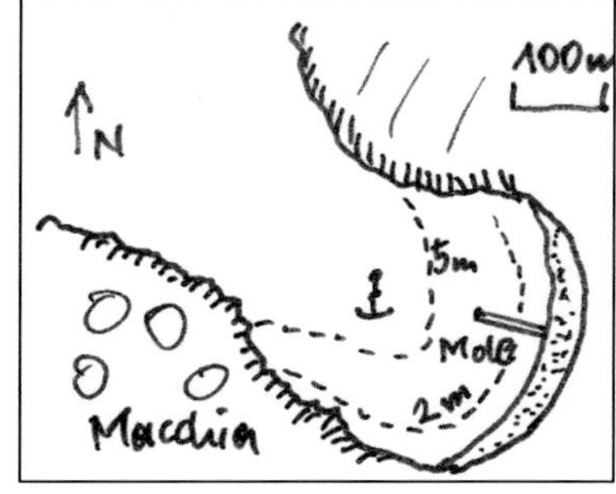

Position: **39° 55‘ 36,3“ N, 19° 56‘ 10,6“ E**

Tagsüber sieht man hier ein paar andere Boote, aber übernachten könnte man alleine.

5b) Kap Kephali und Umgebung Sarande

Distanz Kakome Bay – Sarande: 8,5 Seemeilen

Obwohl die Stadt Sarande nicht weit entfernt ist gibt es an den Ufern rund um Kap Kephali keine Siedlungen oder Bauten: es fehlt schlicht an einem Straßennetz. Was für ein Glück für uns Segler, denn eine ganze Reihe von schönen Buchten steht zum Ankern zur Auswahl.

Je nach Windrichtung können wir hier frei oder auch mit Landfesten ankern. Die nach Süden offenen Buchten bieten einen beeindruckenden Ausblick auf die gebirgige Insel Korfu. Die Ufer der Buchten sind felsig, der Grund besteht aus gut haltendem Sand. Das Wasser ist glasklar, und weil die vorgelagerte Insel Korfu Treibgut abhält wird kein Müll angeschwemmt und die Ufer sind sauber.

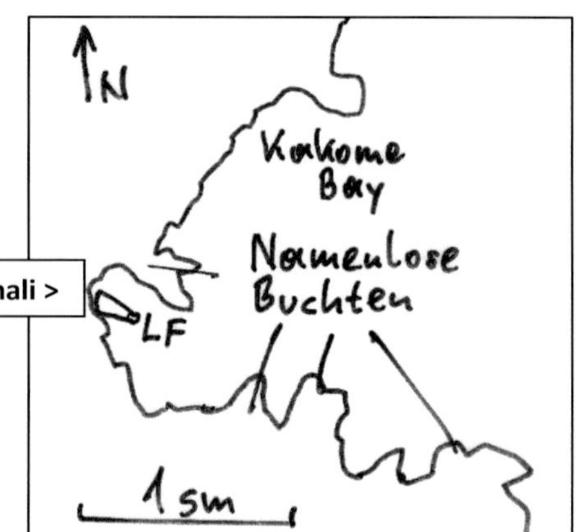

Hier lässt es sich aushalten. An den Hängen rund um die Buchten grasen Schafe zwischen Olivenbäumen. Zikaden zirpen, ein sanfter Wind kräuselt das Wasser, die Sonne glitzert auf den kleinen Wellen. So muss der Segelsommer sein.

Die Umgebung von Sarande

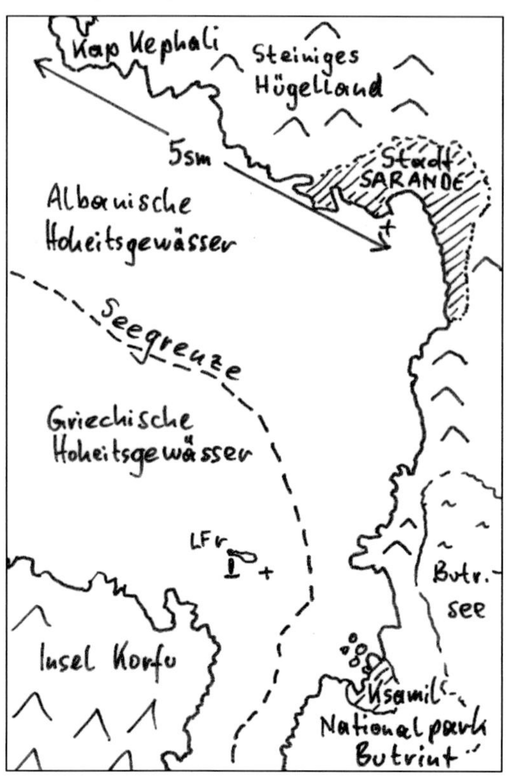

In Sarande endet unser Törn. Die Küste Albaniens erstreckt sich zwar weitere zehn Meilen Richtung Süden, aber die Durchfahrt zwischen dem albanischen Festland und der griechischen Insel Korfu ist an manchen Stellen nur eine Meile breit, die in der Mitte liegende Seegrenze demnach des öfteren weniger als 1000m vom Ufer entfernt.

Wegen dem Schmuggelproblem quer über die EU-Außengrenze sind die Behörden beider Länder extrem aufmerksam. Wer einmal gesehen hat, wie Zoll und Polizei eine Segelyacht aufbringen, die offenbar die Grenze verletzt hat, wird sich nicht so schnell in deren Nähe wagen.

Wir haben es ein Stück weit riskiert, denn wir wollten uns noch Ksamil ansehen. Dicht unter Land laufen wir auf das schöne Gebiet rund um die kleinen Inselchen zu, aber hier ist alles mit Bojenketten abgesperrt und voller Tretboote und Schwimmer. Es lohnt sich also ganz sicher nicht, eine Grenzverletzung zu riskieren, und wir raten dringend davon ab, hier herumzusegeln.

5c) Stadt und Hafen Sarande

Eigentlich hat Sarande gar keinen richtigen Hafen, sondern nur eine große Bucht, die nach Süden offen ist. Auf den Bau eines Wellenbrechers hat man offenbar wegen der vorgelagerten Insel Korfu und der dadurch kurzen Windwirkstrecke verzichten können. Entsprechend unruhig ist der zugewiesene Liegeplatz bei der Zollmole. Natürlich braucht man hier wieder einen Agenten für die Behördenwege. Unserer heißt Agim Zholi.

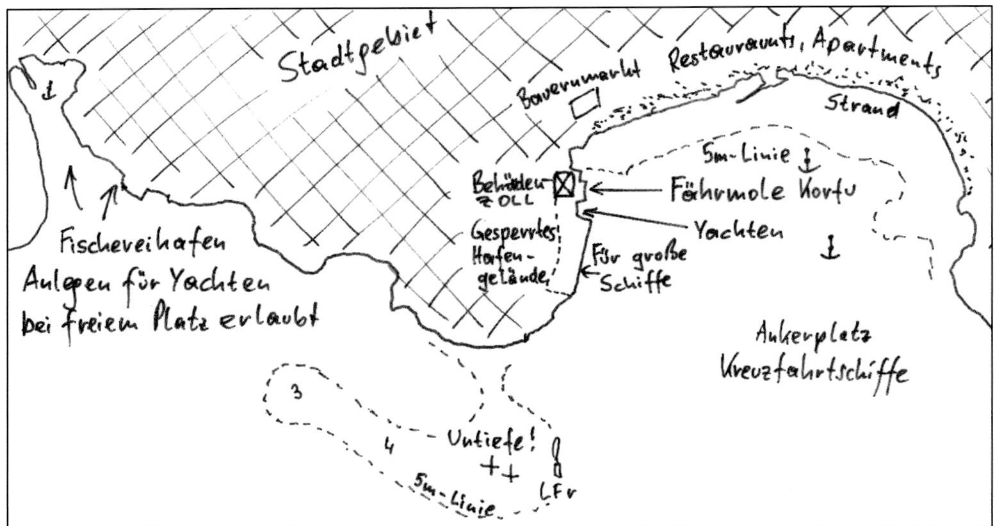

Im Fischereihafen haben wir nicht angelegt, es ist möglich, dass hierzu kein Agent nötig ist, aber sicher ist das nicht. Am besten vor Ort fragen.

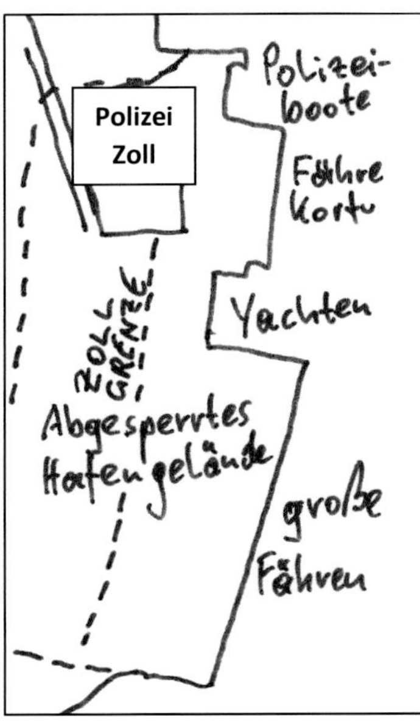

Wir werden von der Assistentin des Agenten telefonisch an unseren vorgeschriebenen Liegeplatz eingewiesen. Sie ist neu im Job und spricht nicht gut Englisch. Wir wissen nicht, wie und wo wir anlegen sollen. Den Anker sollen wir verwenden, aber wo? „Stentu" schreit sie ins Telefon, immer wieder. Erst im Nachhinein erfahren wir was sie gemeint hat: „Stern to (the pier)" ist scheinbar eine Redewendung aus dem englischsprachigen Raum und meint „Heck zur Mole". Also römisch katholisch… ☺

Der Crewwechsel macht kein Problem. Wir schreiben einfach eine neue Crewliste, das ist alles.

Bei der Abreise der ersten Crew mit der Fähre nach Korfu tritt allerdings ein ernstes Problem auf. Laut Polizeicomputer ist die Crew angeblich gar nicht eingereist und darf folglich auch nicht ausreisen, bis die Sache geklärt ist. Hat Herr Frrok in Shengjin aus Ärger über die Ablehnung seiner Einladung etwa die Anmeldung „vergessen"? Die Fähre füllt sich bereits, der Abfahrtszeitpunkt rückt näher. Was sollen wir tun?

In Panik rufen wir den Agenten an, seine Assistentin ist überfordert, aber der Chef taucht umgehend auf. Er flüstert seiner Assistentin ein paar Anweisungen zu. Im entscheidenden Moment – die Fähre gibt bereits Signal zum Ablegen - lenkt die Assistentin den Polizisten ab, Herr Zholi greift sich geschickt die Pässe, drückt sie den Crewmitgliedern hinter dem Rücken in die Hand und deutet ihnen an, sie mögen umgehend zur Fähre verschwinden. Die Auffahrklappe ist schon im Anheben, als unser letztes Crewmitglied an Bord springt. Der Polizist kriegt einen Wutanfall, wagt es aber nicht, die Fähre zu stoppen. Wie uns der Agent später im Vertrauen mitteilt, hat er seine Assistentin angewiesen, unsere Crew als Journalisten eines großen Reisemagazins zu bezeichnen, das in Deutschland einen umfangreichen Bericht über albanische Zustände bringen wird. Er würde doch nicht wollen, dass der Report wegen eines möglichen Behördenfehhlers in Shengjin vernichtend ausfällt und dadurch die Entwicklung des Tourismus leidet?

Wir sehen an diesem Beispiel, dass die Agenten durchaus ihr Geld wert sind. In Sarande war das allerdings ziemlich viel, nämlich 80,- €. Vielleicht lohnt es sich, im Internet nach Alternativen zu suchen, in Sarande gibt es einige solcher Agenten und mit ein wenig Geschick kann man vielleicht günstiger wegkommen (die unten genannte Agentin berechnet aktuell für eine normale Segelyacht bis 12 m 60,- €).

Damit endet nun unser Törnbericht. Zwar ist die *Rasotica* danach mit neuer Crew weitergesegelt: meine Familie war nach Korfu geflogen und mit der Fähre nach Sarande gekommen. Aber die Strecke kennen wir nun schon und es würde wenig Sinn machen, sie aus der anderen Richtung noch einmal zu beschreiben.

Wir wollen uns deshalb auf den nächsten Seiten mit allgemeinen Informationen beschäftigen und die wichtigsten Themen streifen, die für eine Crew relevant sein könnten, die albanische Gewässer mit einer Yacht befahren will.

Yacht Agenten in albanischen Häfen

Shengjin:	Mr. **Frrok Frroku**, auch: Shipping Agency „Orion“, Tel +355 (0)68 20 35 531 Email: orion.shipping.agency@gmail.com
Durres:	Mr. **Arben Ninga**, Port Agent, Tel +355 (0)56 72 08 2061 Email: arben.ninga@kad.al oder adeag@albmail.com
Orikum:	Marinadirektor Sign. **Luigi de Vito**, Tel +355 (0)69 535 0233 Email: marinaorikum@hotmail.it
Vlora:	**„Marinero Agency“,** Tel. +355 (0)69 61 38 969, VHF Ch 15 Email: yacht@marineroagency.com
Sarande:	Frau **Jelja Serani**, Saranda Summer Tours, Tel +355 (0)69 485 9383 Email: info@sarandasummertours.com

Weitere Agenten können im Internet unter dem Suchbegriff „Port Agent Hafenname“ leicht gefunden werden. Zum Thema Agenten und Behörden siehe auch: Seite 5

Eine Kontaktaufnahme per Email sollte schon vor Beginn der Reise erfolgen. Den Anweisungen des Agenten sollte nach Möglichkeit Folge geleistet werden, aber man ist nicht dazu verpflichtet, denn die Agenten sind Dienstleister, keine Behördenvertreter.

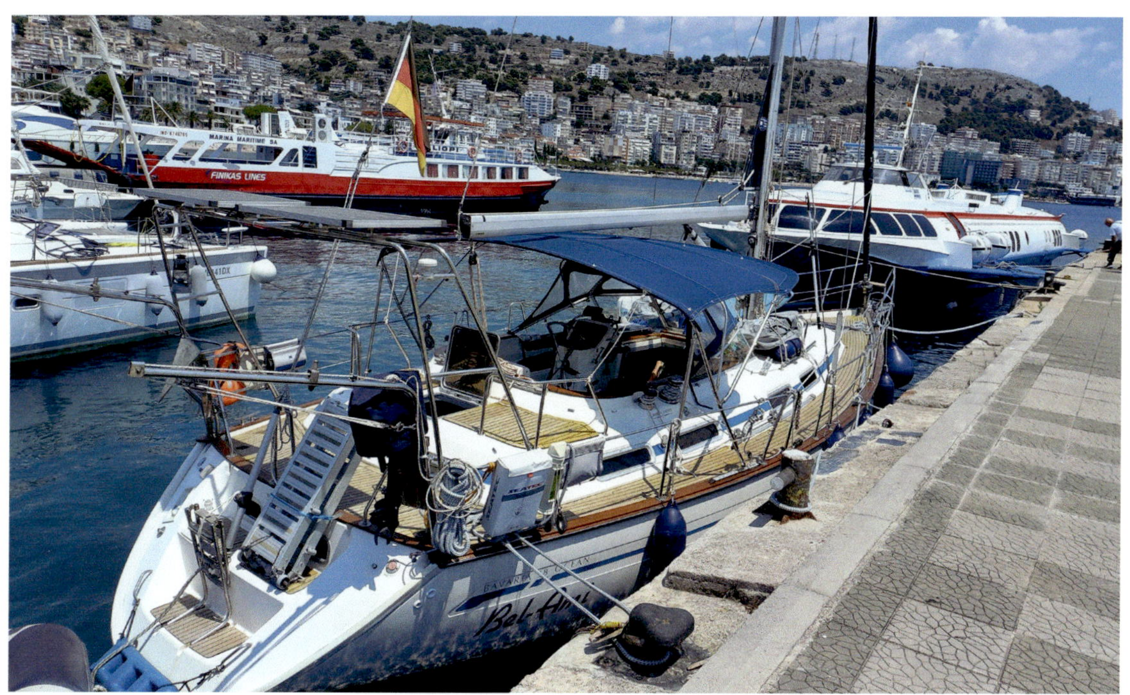

Im Hafen von Sarande

Bucht von Sarande

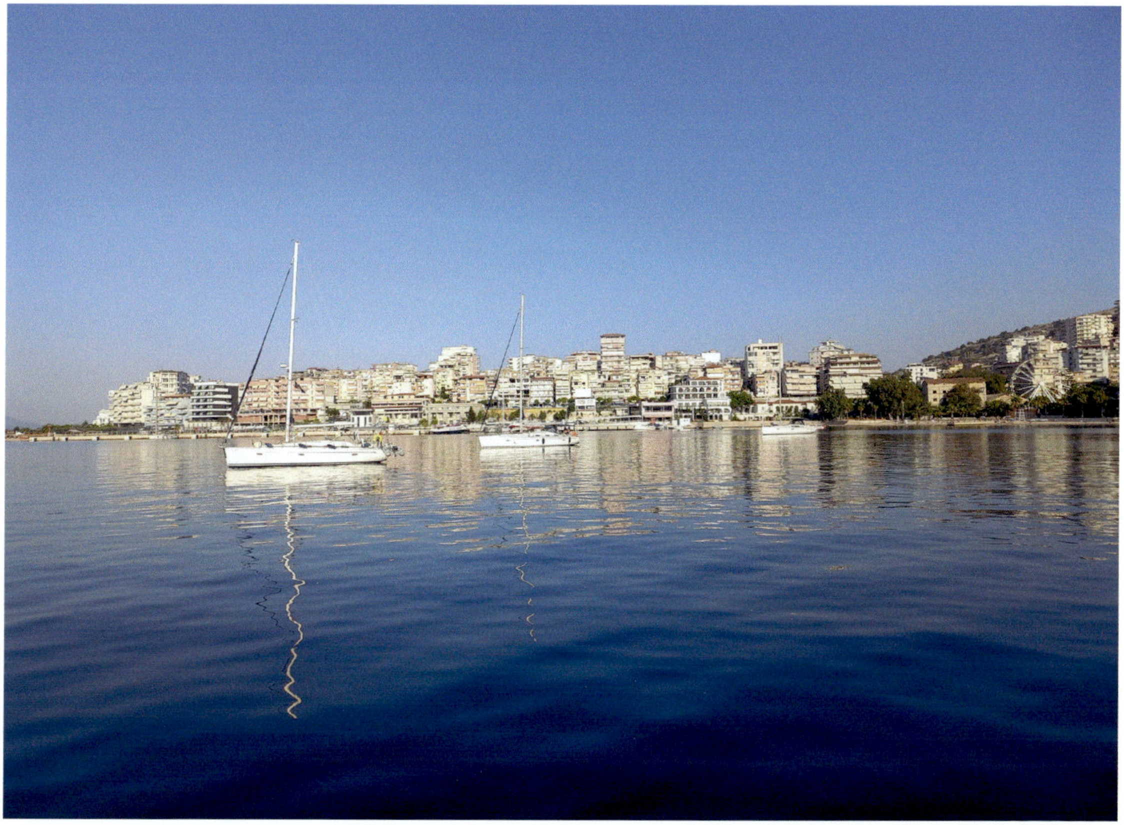

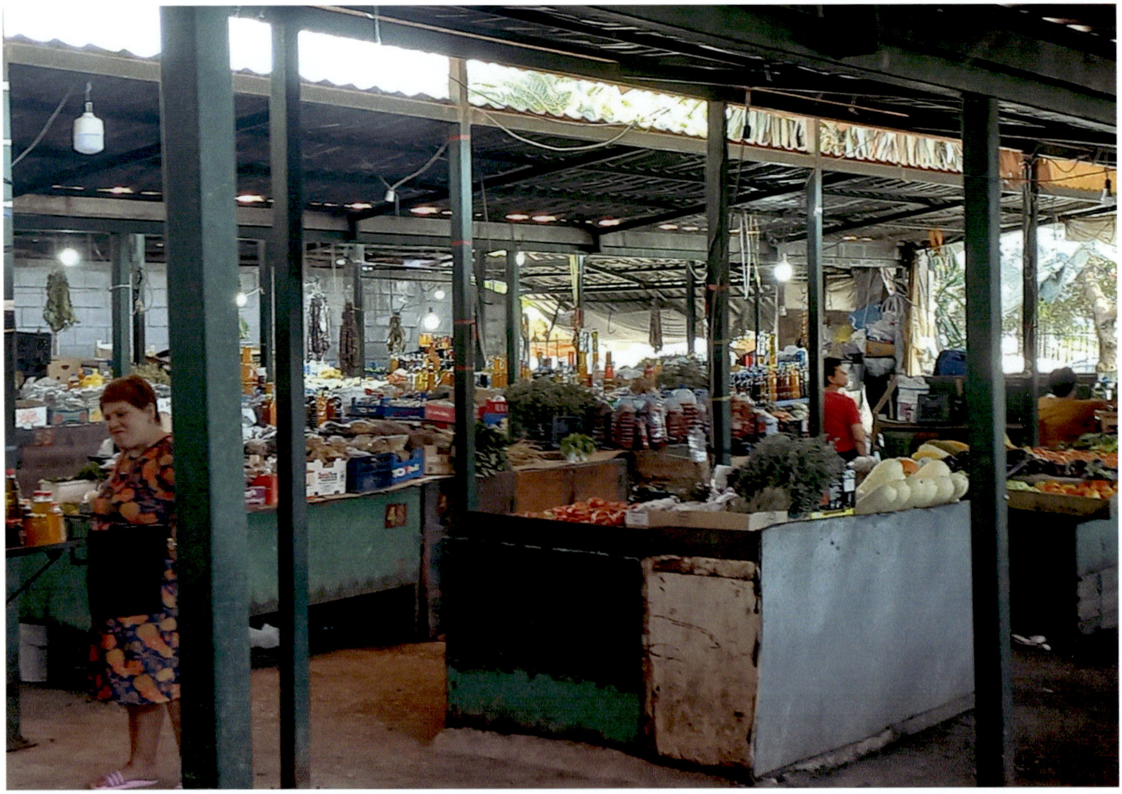

Markt von Sarande

Nächtliches Panorama von Sarande

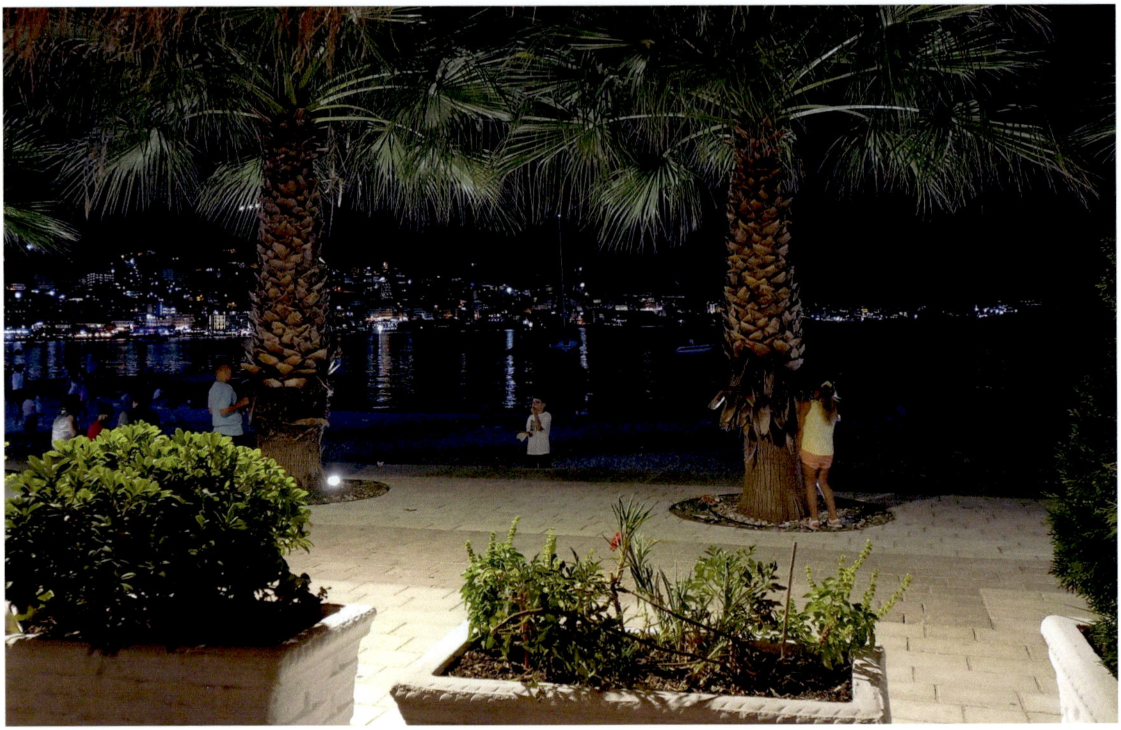

Ruinenstadt Butrint

Anmerkung: Am Besten mit dem öffentlichen Bus (Nähe Zollpier) besuchen: Butrint ist eine Ruinenstadt im Süden Albaniens, rund 20 Kilometer südlich der Stadt Saranda gelegen. Sie dehnt sich auf einer Halbinsel aus, die im Norden und Osten vom Butrintsee und im Süden vom Vivar-Kanal, der nach rund zweieinhalb Kilometern ins Ionische Meer mündet, umgeben ist. In Sichtweite liegt die griechische Insel Korfu.

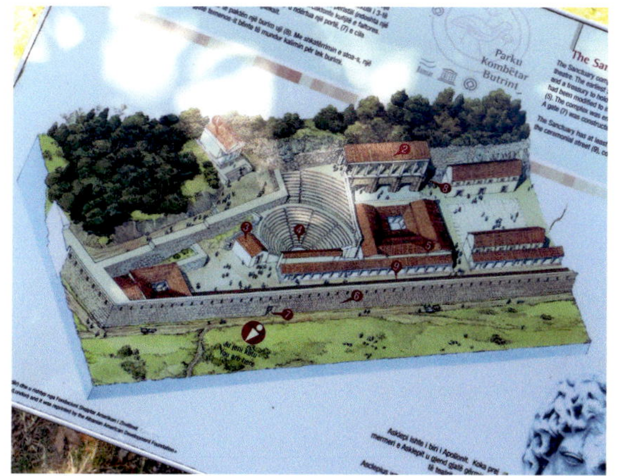

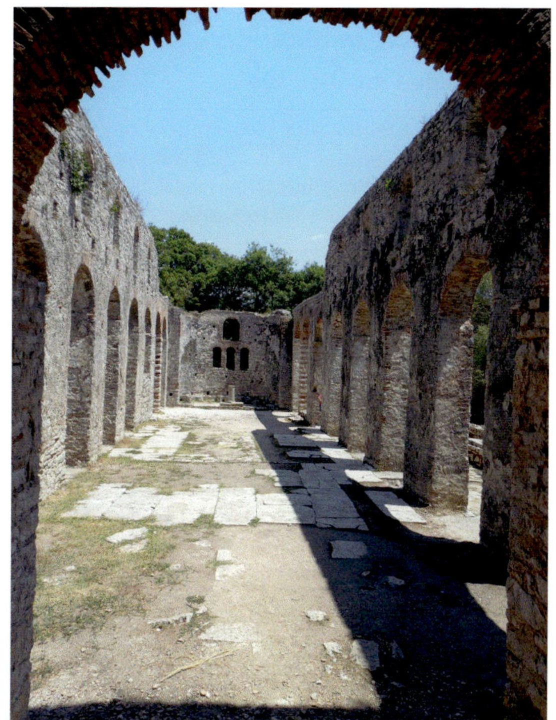

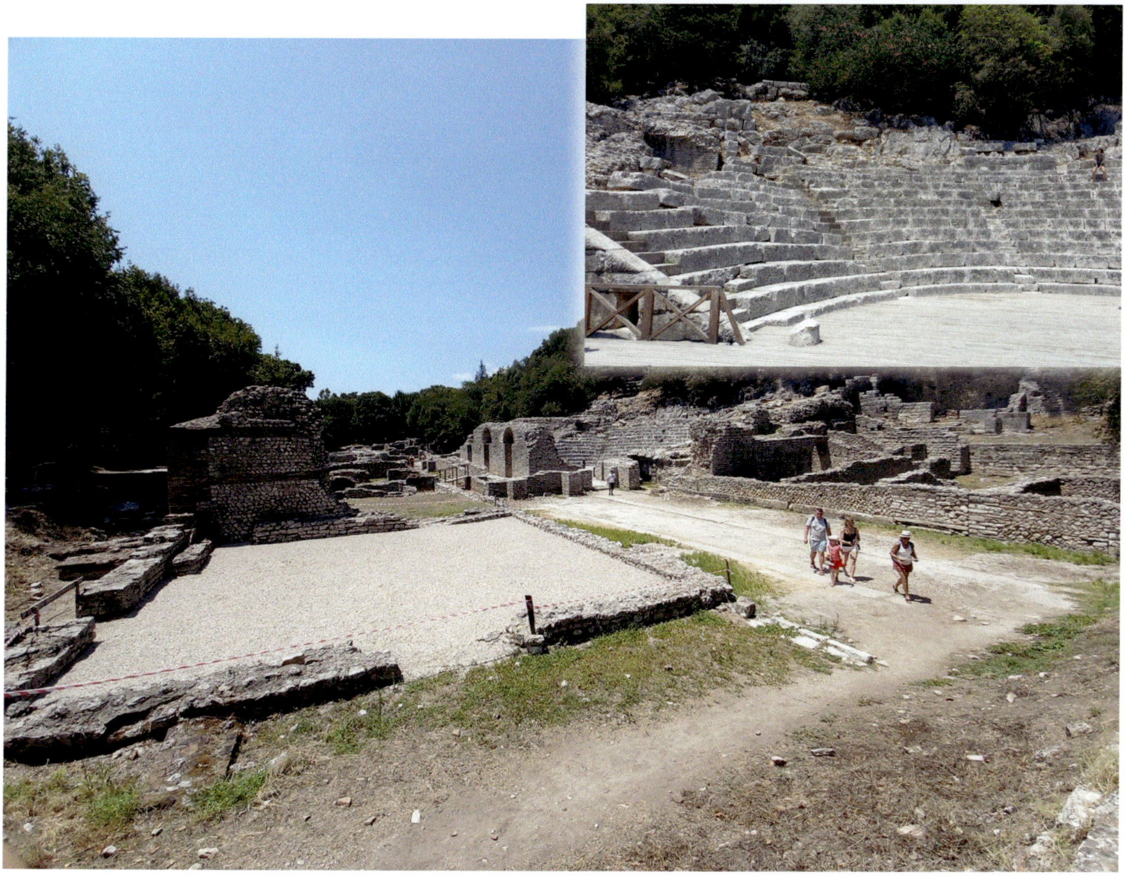

Mit dem Charterboot an die albanische Küste

1.) Von Kroatien aus

Der Segeltörn, der diesem Bericht zugrunde liegt, hat in Split begonnen und wurde vier Wochen später genau dort wieder beendet. Das Schiff war eine Bavaria 46c der Firma BavAdria Yachting Graz und rund 10 Jahre alt. Für die Erlaubnis, das Boot auch über die Gewässer der angrenzenden Staaten hinaus zu führen, war eine Umtypisierung des Bootes notwendig, denn kroatische Boote und Schiffe sind in Kategorien eingeteilt und da war die nächsthöhere gefragt.

Mit dem Vercharterer mussten diverse Versicherungen des Törns vereinbart werden, um die Erlaubnis zu bekommen. Eine Charterfolgeschaden-Versicherung, eine Beschlagnahme-versicherung und die üblichen Versicherungen wie zum Beispiel Skipperhaftpflicht wurde allesamt bei Yacht Pool abgeschlossen.

Für einen „normalen" Segelurlaub, der in der Regel eine, selten zwei und fast nie drei und mehr Wochen dauert ist ein Ausgangshafen in Kroatien – selbst wenn es Dubrovnik wäre – wenig sinnvoll.

2.) Von Korfu aus

In der Marina Gouvia nahe der Stadt Korfu ist eine große Zahl von Yachten verfügbar, aber die wenigsten dürfen nach Albanien ausreisen. Und doch, es gibt welche, mit denen das möglich ist. Hier zwei Beispiele:

>**Bavaria 46c**, Baujahr 2006, Rollgroßsegel, Bugstrahlruder etc.
eine Woche Charter: rund **2.700,- €**.

>**Sun Odyssey 42i**, Baujahr 2010, Roll- oder Lattengroß,
eine Woche Charter: rund **2.600,- €.**

Crews, die sich für ein solches Boot mit Albanien-Erlaubnis interessieren, können bei Yachtcharter Müller in Linz anfragen: www.yachtcharter-mueller.at Die Vercharterer betonen aber, dass ein technischer Service bei eventuellen Problemen in Albanien nicht möglich sein wird, da müsste man sich dann selber helfen.

Ein Törnvorschlag könnte so aussehen: Samstag Gouvia-Sarande (Einklarieren); Sonntag Badestops unterwegs und Tagesziel Porto Palermo; Montag Frühstart und langer Schlag nach Vlora (ev. Nachtansteuerung); Dienstag buchteln rund um Vlora, Tageziel Marina Orikum; Mittwoch Frühstart in südlicher Richtung, Badestops im Nationalpark, Tagesziel Porto Palermo; Donnerstag Buchtübernachtung bei Kap Kephali; Freitag Sarande Ausklarieren und Rückfahrt zur Marina Gouvia.

Flüge nach Korfu kosten inklusive Rückflug zwischen 300,- und 400,- Euro.

3.) Von Albanien aus

Für Abenteurer, die sich das Land gerne auch von der Straße aus ansehen würden, gibt es natürlich auch die Möglichkeit, mit dem Auto bis Sarande zu fahren, es hier abzustellen, und dann mit der Fähre nach Korfu weiterzureisen, um das Charterboot abzuholen.

Die Fahrzeit mit der normalen Standardfähre beträgt eineinhalb Stunden.